ECOLOGÍA
para niños y jóvenes

ECOLOGÍA
para niños y jóvenes

Actividades superdivertidas para el aprendizaje de la ciencia

Janice VanCleave

VanCleave, Janice
   Ecología para niños y jóvenes : Actividades superdivertidas para el aprendizaje de la ciencia = Ecology for every kid / Janice VanCleave. -- México : Limusa Wiley, 2010
228 p. : il. ; 21 x 14 cm. -- (Biblioteca científica)
ISBN: 978-968-18-5384-6
Rústica

I. Ecología - experimentos
I. Weckman González, Ana Luisa, tr. II. Aiello, Laurel, il.

Dewey : 577 | 22 / V2227a   LC : QH541.24

VERSIÓN AUTORIZADA EN ESPAÑOL DE LA OBRA PUBLICADA EN INGLÉS CON EL TÍTULO:
ECOLOGY FOR EVERY KID
© JOHN WILEY & SONS, INC.

ILUSTRACIONES:
LAUREL AIELLO

COLABORADORA EN LA TRADUCCIÓN:
ANA LUISA WECKMAN GONZÁLEZ
MAESTRÍA EN CIENCIAS BIOMÉDICAS POR EL INSTITUTO NACIONAL DE LA NUTRICIÓN *SALVADOR ZUBIRÁN*.

LA PRESENTACIÓN Y DISPOSICIÓN EN CONJUNTO DE

ECOLOGÍA PARA NIÑOS Y JÓVENES

DERECHOS RESERVADOS:

© 2010, EDITORIAL LIMUSA, S.A. DE C.V.
GRUPO NORIEGA EDITORES
BALDERAS 95, MÉXICO, D.F.
C.P. 06040
☎ 5130 0700
🖶 5512 2903
 limusa@noriega.com.mx
www.noriega.com.mx

CANIEM NÚM. 121

HECHO EN MÉXICO
ISBN: 978-968-18-5384-6
11.1

Dedicado a mis nietos y a sus padres:
Calvin, Ginger, Lauren y Lacey Russell
Rusell, Ginger, Kimberly, Jennifer y
Russell David VanCleave
David, Tina y Davin VanCleave

Agradecimientos

Muchas gracias a estos amigos y a miembros de la familia que son parte de los actuales y futuros cuidadores de nuestro planeta: Shawn Abel; Chuck, Patricia Marie y Anthony Barth; Deborah Ann y Jessica Marie Bass; John, Jo Ann Nicole y Aaron Michael Boutin; Jason, Caleb, Micah y Casey Burson; John, Matthew y Rebecca Chambers; Frances y Whitney Cooper; Phillip y Shawn Curry; Jewell y Joey Dorsey; Rachel, Rebekah y Anna Felder; Rodney y Gary Giles; Sarah Harper; Patsy Ruth Henderson; Lynn Hinds; Meredith Husted; Dillon Taylor y Kristin Marie Kiran; Bill, Royce Carroll, Linne Trayler, Brooke Alexandra, James Andrew, Rhonda Kesler, Anthony Kaleb, Robert Logan, Judy Meador y Jordan Breanne Johnson; Kourtney Karr; Dusty, Derek y Drew Ladd; Gregory Lea; David Lentini; Jennifer, Kenny y William Martin; Allison Midkiff; Kimberly y Kari Orso; Carolyne y Tommy Pasisis; Brian, Jude y Kaitlin Patterson; Ryan y Megan Peterson; Maggie Porcher; James W. Reid V; Erica Rydholm; Jared, Sarah y Jacob Sacchieri; Bennie Shaw; Roger, Kate y Rebecca Bradford Scholl; Archie Robert, Norma Jo, Dianna Lynn y Robert John Smith; Michael, Darlene Dee y Justin Whitaker Strong; Curtis A., Vicki Marie, Julie Ann y Cody Allen Thornton.

Contenido

10

Introducción

La **ecología** es el estudio del comportamiento de los seres vivos en su ambiente natural y de cómo se influyen entre sí. También es un estudio de las relaciones entre los seres vivos y el hogar único que todos ellos comparten: la Tierra. En este libro se explican estas relaciones y las consecuencias que puede haber si cualquier parte de esta relación se altera o se destruye.

El conocer las bases de la ecología puede ayudarte a pensar en lo importante que eres y en cómo afectas a tu ambiente natural. Las decisiones que tomes y los cambios que realices pueden tener un efecto positivo. Si sabes por qué las plantas y los animales viven en ciertos lugares y no en otros, puedes ayudar a **conservar** (proteger de los desechos y de la destrucción) la vida silvestre. Si sabes qué le sucede a los productos de desecho como la basura doméstica y las sustancias químicas indeseables de las fábricas, puedes ayudar a limpiar la Tierra.

Este libro no proporciona todas las respuestas a los problemas de ecología, pero ofrece claves acerca de formas en las que puedes participar para hacer del mundo un mejor lugar dónde vivir. Te guiará en el descubrimiento de respuestas a preguntas relacionadas con la ecología como: ¿Cómo el matar zorros afectaría al número de árboles en una región? ¿Cuándo se considera que una rosa es una mala hierba? ¿Es posible que estés respirando el aire que pudo haber respirado un dinosaurio? ¿Qué hacen los animales y las plantas para sobrevivir al calor y a la falta de agua en los desiertos?

El libro está diseñado para enseñar hechos, conceptos y estrategias para resolver problemas. Los conceptos científicos que se presentan se pueden aplicar a muchas situaciones similares. Los ejercicios, experimentos y otras actividades se seleccionaron por su capacidad para ser explicados en términos básicos, con poca complejidad. Uno de los objetivos principales del libro es mostrar el aspecto *divertido* de la ciencia.

Cómo usar este libro

Lee despacio cada sección y sigue todos los procedimientos con cuidado. Aprenderás mejor si lees cada sección en orden, pues hay cierta acumulación de información conforme el libro avanza. El formato de cada sección es como sigue:

1. **El subtítulo:** Identifica el objetivo del capítulo.
2. **Lo que necesitas saber:** Una definición y explicación de hechos que es necesario que comprendas.
3. **Ejercicios:** Para ayudarte a aplicar los hechos que aprendiste.
4. **Actividad:** Un proyecto relacionado con los hechos representados.
5. **Soluciones a los ejercicios:** Con una explicación paso por paso para la resolución de los ejercicios.
6. **Glosario:** La primera vez que una palabra aparezca en el libro estará en **negritas** y se le definirá en el texto, también se incluye en el Glosario, al final del libro. Asegúrate de consultar el Glosario tantas veces como lo necesites para que cada palabra forme parte de tu vocabulario personal.

Instrucciones generales para los ejercicios

1. Lee el ejercicio atentamente. Si no estás seguro de las respuestas, vuelve a leer **Lo que necesitas saber** para tener pistas.

2. Compara tus respuestas con las de la sección de **Soluciones** y evalúa tu trabajo.
3. Realiza el ejercicio nuevamente si alguna de tus respuestas es incorrecta.

Instrucciones generales para las actividades

1. Lee toda la actividad antes de empezar.
2. Reúne los materiales. Tendrás menos problemas y te divertirás más si preparas todos los materiales necesarios antes de empezar la actividad y están listos cuando inicies tu trabajo. Pierdes el orden de tus pensamientos cuando tienes que detenerte a buscar los materiales.
3. No te apresures durante la actividad. Sigue cada paso con mucho cuidado; nunca te brinques pasos y no añadas otros. Tu seguridad es lo más importante y si lees cada actividad antes de empezar y sigues las instrucciones exactamente, puedes confiar en que no obtendrás resultados inesperados.
4. Observa. Si tus resultados no son iguales a los que se describen en la actividad, vuelve a leer las instrucciones con cuidado y empieza de nuevo desde el primer paso.

1

Compañeros de espacio

De qué trata la ecología

Lo que necesitas saber

La palabra griega para **hábitat** (el lugar donde vive una planta o animal) es *oikos*. En 1869, Ernst Haeckel (1834-1919), biólogo alemán, inventó la palabra *oekologie,* para nombrar al "estudio de los seres vivos en su **ambiente** (la naturaleza que rodea a los seres vivos)". La palabra *ecología* es la versión en español de la palabra de Haeckel, *oekologie*.

Los **ecólogos** son científicos que estudian a los organismos y sus ambientes. Los **organismos** son todos los seres vivos, incluida la gente, las plantas, los animales, las bacterias y los hongos. Un ambiente incluye todo, lo vivo y lo no vivo, que afecta a un organismo.

Por ejemplo, un estudio ecológico del ambiente de un ratón en tu casa incluiría a otros animales de la misma especie, o sea, más ratones, así como a animales de especies diferentes, que incluiría a todas las mascotas de la familia, a ti y a tu familia. Una **especie** es un grupo de organismos similares y relacionados. El ecólogo también incluiría en el estudio a cualquiera de los **depredadores** del ratón (animales que cazan y matan a otros animales para obtener alimento), como un gato. Se registraría lo que come el ratón, el clima y las estructuras físicas dentro de la casa. Las pulgas en el pelo del ratón y las bacterias dentro del cuerpo de las pulgas también son partes importantes del ambiente del ratón. Este estudio le daría al ecólogo una mejor comprensión de por qué el ratón se comporta de cierta manera, cómo el ambiente afecta al ratón y cómo éste a su vez afecta al ambiente.

PULGA

AMBIENTE DEL RATÓN

Los organismos vivos son parte de un ambiente más grande y al mismo tiempo, son el hábitat de otros seres vivos más pequeños. Miles de seres vivos diminutos, como las bacterias, viven dentro y sobre los cuerpos de los animales, incluido el tuyo. Sí, tu cuerpo es el hábitat de otros organismos vivos.

HOGAR ↖ ↗ ESCUELA

ALGUNOS DE TUS AMBIENTES

↓

PARQUE

A diferencia de la mayoría de los animales, los humanos van de un ambiente a otro a lo largo del día. Algunos de tus ambientes son tu casa, la escuela, un parque, el centro comercial y la casa de tu amigo. Otra cosa interesante que te hace diferente de otros animales es que tienes la capacidad de alterar tu ambiente. Por ejemplo, en el verano puedes encender un ventilador o un aparato de aire acondicionado y en el invierno puedes encender un calentador para cambiar la temperatura de tu casa.

Ejercicios

Observa los dibujos y contesta las siguientes preguntas:

1. ¿Cuántos organismos están representados?
2. ¿Cuántos hábitats están representados para los organismos que se muestran?

Actividad: DISEMINADOR

Objetivo Determinar cómo contribuyes para diseminar semillas de plantas en tu ambiente.

Materiales *8 cucharadas (120 ml) de tierra para macetas*
4 vasos de papel de 150 ml (5 onzas)
cinta adhesiva (masking tape)
lápiz
cuaderno pequeño
caja de zapatos
botas de hule
cuchara metálica para medir de 15 ml
agua

Procedimiento

Nota: *Este experimento debe realizarse después de que llueva, durante la primavera o el verano.*

- Deposita 2 cucharadas (30 ml) de tierra para macetas en cada uno de los 4 vasos.
- Usa la cinta adhesiva y el lápiz para marcar los vasos, del 1 al 4.
- Coloca los vasos, el lápiz y el cuaderno en la caja de zapatos.
- Ponte tus botas de hule.
- Da un paseo por el bosque o un parque cargando la caja de zapatos y camina a propósito por un área lodosa.
- Desprende una cucharada (15 ml) de lodo de la suela de tus botas.
- Añade el lodo al vaso 1 y mezcla el lodo y la tierra en el vaso.
- En el cuaderno, describe el área donde se colectó el lodo para el vaso 1.

■ Vuelve a dar otro paseo por un área lodosa diferente para cada uno de los otros 3 vasos y colecta el lodo, luego ve a casa.

■ Deja sólo los vasos de tierra y lodo dentro de la caja de zapatos y colócala en donde esté tibia y sin alteraciones, como cerca de una ventana.

■ Observa el contenido de los vasos cada día durante 2 semanas, o hasta que observes el crecimiento de plantas. Riega la tierra de cada vaso de vez en cuando para mantener la tierra húmeda solamente.

Resultados En general, observarás plantas creciendo en alguno o quizá en todos los vasos.

¿Por qué? Las plantas que crecen en los vasos indican que había semillas presentes en el lodo que se pegó a tus botas. Las semillas de las plantas se caen y se mezclan con la tierra que las rodea. Al caminar en el lodo, éste se pegó a la suela de tus botas. Parte del lodo se desprendió de tus botas antes de que pudieras rascarlo dentro de los vasos. Este lodo desprendido pudo haber tenido semillas. Si el lodo cayó en un ambiente con la cantidad adecuada de calor y humedad, las semillas crecerán, como crecieron en el vaso.

Tú ayudaste a la planta a **dispersar** (diseminar a otro sitio) sus semillas, al llevarlas de un lugar a otro en la suela de tus botas. Tú diseminas las semillas cada vez que caminas en un área donde crecen plantas. Ésta es sólo una de las muchas maneras como afectas a tu ambiente.

Solución a los ejercicios

1. ¡Piensa!

- Los organismos son seres vivos.

  Hay cuatro organismos representados: un árbol, una ardilla, un niño y bacterias.

2. ¡Piensa!

- Un hábitat es el lugar donde vive un organismo.
- El árbol es el hábitat para la ardilla y las bacterias.
- La casa es el hábitat para el niño, las bacterias y posiblemente para la ardilla (que podría vivir en el desván).
- La ardilla y el niño son hábitats para las bacterias.
- Las bacterias son demasiado pequeñas para ser un hábitat para cualquiera de los otros organismos.

  Hay cuatro hábitats representados: un árbol, una casa, una ardilla y un niño.

2

Conexiones

Cómo viven las plantas con los animales y cómo se influyen entre sí

Lo que necesitas saber

Los organismos de la misma especie que viven juntos en un área específica forman una **población**. El término población también se refiere al número total de individuos dentro de un grupo, como la población de un pueblo. Por ejemplo, la población de Riesel, Texas, es de 846, lo que significa que 846 personas viven en el pueblo.

Cuando las poblaciones de diferentes especies viven juntas en la misma área, forman una **comunidad.** Estos organismos generalmente se influyen recíprocamente y dependen unos de otros para su existencia.

Un hábitat es como el domicilio de una especie. Un hábitat único es el hogar de una especie, como los agujeros interconectados donde viven los perros de la pradera. Un hábitat múltiple es el hogar de muchas especies, como por ejemplo un árbol, en donde viven muchas especies. Puesto que las especies diferentes que constituyen una comunidad tienen el mismo domicilio, un hábitat es también el hogar de una comunidad. Un desierto, un lago, un árbol, un bosque o incluso tu patio, todos son hábitats.

Los seres vivos no pueden sobrevivir por sí mismos. En las comunidades naturales, cada especie es importante para la supervivencia de la comunidad. La localiza-

23

ción y la función o trabajo para la que una especie es adecuada dentro de su comunidad se llama **nicho**. Un nicho incluye el hábitat de la especie, lo que come, sus actividades y su interacción con otros seres vivos.

Algunos nichos incluyen a muchos organismos. Por ejemplo, el nicho de una ardilla podría empezar con el nido de la ardilla en un árbol. La ardilla come nueces, huevos de aves y otros organismos y se la comen los búhos y otros animales. Sus excrementos fertilizan el suelo, lo que favorece el crecimiento de las plantas y algunas de las nueces enterradas por la ardilla crecen para ser nuevos árboles. Éstas son sólo algunas de las actividades que constituyen el nicho de la ardilla dentro de su comunidad de bosque.

Ejercicios

1. Observa los dibujos y determina cuál representa a una comunidad.

2. En el cuadro de abajo se usan símbolos para representar a diferentes tipos de organismos de una comunidad. La simbología que aparece a la izquierda muestra el símbolo para cada organismo. Con base en este cuadro contesta las preguntas siguientes:

a. ¿Cuántas poblaciones diferentes están representadas?

b. ¿Qué especie tiene la población más grande?

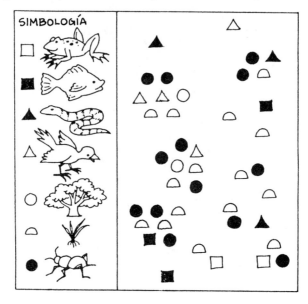

Actividad: AGITADORES

Objetivo   Determinar el nicho de una lombriz de tierra.

Materiales   *2 tazas (500 ml) de tierra negra*
recipiente grande
agua
cuchara
frasco de boca ancha de 1 litro (1 qt)
taza (250 ml) de arena clara
cucharada (15 ml) de avena
10 a 12 lombrices de tierra
cartoncillo de color oscuro
liga de hule

Procedimiento

Vierte la tierra en el recipiente.

Agrega agua lentamente mientras la agitas, hasta que la tierra esté un poco húmeda.

Vierte la mitad de la tierra húmeda en el frasco.

Vierte la arena sobre la tierra.

Añade el resto de la tierra.

Esparce la avena sobre la tierra.

Coloca las lombrices en el frasco.

Envuelve el frasco con el cartoncillo y asegúralo con la liga. Colócalo en un lugar fresco.

Todos los días durante una semana, retira el cartoncillo y observa el frasco durante unos minutos. Luego, vuelve a poner el cartoncillo sobre el frasco y déjalo en su lugar.

Al final de la semana, libera las lombrices donde las encontraste, o en cualquier jardín al aire libre o área boscosa.

Resultados Las lombrices empiezan a introducirse en la tierra. Después de unos días, se pueden ver los túneles en la tierra y la tierra negra y la arena clara se mezclan.

¿Por qué? La excavación de una lombriz de tierra es muy simple comparada con la de muchos otros organismos. La lombriz vive en la tierra y come en su camino a través de ella. Obtiene nutrimentos de los restos de otros seres vivos, especialmente plantas, que están contenidos en el suelo. Los movimientos de la lombriz aflojan la tierra, de modo que el agua y el aire que las plantas necesitan la atraviesan más fácilmente. Los desechos de la lombriz también añaden a la tierra nutrimentos que las plantas necesitan.

Solución a los ejercicios

1. ¡Piensa!

- La figura A es un solo organismo.
- La figura B es un grupo de organismos de la misma especie; por lo tanto, es una población.
  La figura C es un grupo de poblaciones diferentes; por lo tanto, es una comunidad.

2a. ¡Piensa!

- ¿Cuántos tipos diferentes de organismos se incluyen en la simbología?
  Hay siete poblaciones diferentes.

b. ¡Piensa!

- En el área derecha del cuadro, cuenta cada símbolo que representa a cada organismo para determinar la población representada.

ranas	2
peces	3
serpientes	3
aves	4
árboles	2
pastos	15
insectos	13

Los pastos constituyen la población más grande en el cuadro.

3

Juntos

Determinación de las relaciones entre animales de la misma especie

Lo que necesitas saber

La mayoría de las relaciones entre organismos tienen que ver con trabajar juntos para ayudar a todos los participantes. Algunas de estas relaciones son simples y otras son muy complejas. Las poblaciones pequeñas que viven y viajan juntas y que de algún modo dependen unas de otras para su bienestar se denominan **grupos sociales.** Muchos grupos sociales funcionan como familias con una división equitativa del trabajo. Los simios tienen un grupo social similar al de los humanos, en el que los pequeños se crían en una unidad familiar. Las poblaciones grandes que dependen unas de otras se conocen como **colonias.**

A los animales que viven en colonias se les llama **animales coloniales.** Diferentes animales coloniales muestran grados variables de dependencia entre los individuos de la colonia. Por ejemplo, los pingüinos y las abejas son animales coloniales. Para los pingüinos, el beneficio principal de estar en una colonia es simplemente que hay seguridad en cantidades grandes de individuos. Por otro lado, las abejas dependen unas de otras en muchas otras formas para su supervivencia y para que continúe su colonia.

Otro tipo de animal colonial es el superorganismo. Un **superorganismo** parece ser un organismo, pero en realidad es un grupo de animales coloniales reunidos en conjunto. Un ejemplo de un superorganismo es una sección de un **coral** vivo que contiene miles de animales diminutos llamados pólipos de coral. Cada **pólipo** tiene un cuerpo tubular, un extremo mediante el cual está unido al fondo del mar, a rocas o a otro pólipo, y el extremo opuesto es una boca rodeada de tentáculos urticantes, similares a dedos. Estos animales que parecen flores están vinculados entre sí de tal modo que el alimento puede compartirse. El coral muerto es el esqueleto pétreo duro que queda cuando los pólipos de coral mueren. Otro tipo de superorganismo es la fragata portuguesa. Este organismo flotante similar a un globo con tentáculos colgantes es en realidad una colonia de pólipos especializados, cada uno con una tarea específica. Este superorganismo es una forma de vida más eficaz que los organismos individuales que lo componen.

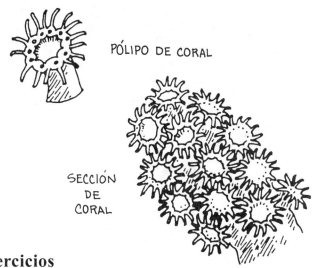

PÓLIPO DE CORAL

SECCIÓN DE CORAL

Ejercicios

1. Usa tu imaginación para diseñar un superorganismo formado por tres miembros individuales de la misma especie, cada uno con una tarea diferente. El superorganismo debe ser capaz de preparar comida, moverse de un lugar a otro y defenderse a sí mismo.

2. Observa cada uno de los dibujos siguientes para determinar si representan un grupo social o una colonia.

Actividad: CASA DE VIDRIO

Objetivo Observar una colonia de hormigas.

Materiales *2 tazas (500 ml) de tierra fina para macetas*
frasco de boca ancha de 1 litro (1 qt)
guantes de jardinería ajustados
cuchara con mango largo
bola de algodón humedecida con agua
trozo de manzana
trozo de 15 × 15 cm (6 × 6 pulg) de una media de nylon vieja
liga
tijeras
cartoncillo negro
cinta adhesiva transparente

Procedimiento

Precaución: Debe tenerse cuidado especial para no permitir que las hormigas lleguen a tu piel. Algunas personas son alérgicas a las picaduras de hormiga. Si sabes que eres alérgico, no realices esta actividad.

■ Vierte la tierra en el frasco.

■ Encuentra un hormiguero al aire libre y pon el frasco en el suelo, aproximadamente a 1 m (1 yarda) de la entrada del hormiguero.

■ Ponte los guantes y usa la cuchara para remover la parte superior de la entrada del hormiguero. Cuando las hormigas corran fuera, agrega en el frasco de 2 a 3 cucharadas de tierra con hormigas. Necesitas poner más o menos de 15 a 30 hormigas en el frasco.

■ Quita con tu mano enguantada cualquier hormiga de la parte externa del frasco.

■ Deposita rápidamente la bola de algodón humeda y el trozo de manzana dentro del frasco. Luego tápalo inmediatamente con la media.

■ Asegura la media con la liga.

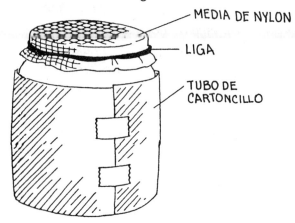

MEDIA DE NYLON

LIGA

TUBO DE CARTONCILLO

■ Usa las tijeras, el cartoncillo y la cinta adhesiva para hacer un tubo en el que quepa el frasco. El tubo debe ser unos 5 cm (2 pulg) más alto que la tierra dentro del frasco. Pon el frasco en un lugar fresco.

■ Varias veces al día, durante una semana, saca el frasco del tubo de cartón y observa el contenido. Luego, mete de nuevo el frasco en el tubo.

■ Al final de la semana, regresa las hormigas al área donde las encontraste, agita el frasco con cuidado para no dañarlas.

Resultados Cuando se pusieron primero en el frasco, las hormigas corrieron frenéticamente alrededor, pero después se calmaron. Algunas comenzaron a excavar casi de inmediato, mientras otras continuaron explorando la superficie de la tierra. Al final de la semana, hay túneles bien definidos visibles en la tierra y pequeñas entradas al hormiguero en la superficie. Al observar el movimiento de las hormigas, puedes notar que cada hormiga tiene una tarea específica.

¿**Por qué?** Las hormigas son insectos que viven en colonias. Cada colonia contiene muchas obreras hembras y al menos una reina. Se producen pocos machos periódicamente, cuyo único trabajo es **fecundar** (unir un espermatozoide masculino con un óvulo femenino) a la reina. Las reinas son hembras que ponen huevos, mientras que las obreras, que son la mayoría de la población de la colonia, son hembras que no ponen huevos. Para construir los túneles donde la colonia vive bajo tierra, las hormigas obreras transportan tierra hacia la superficie y la amontonan en las entradas de los hormigueros. Las obreras también tienen otras tareas. Algunas vigilan el nido; otras lo mantienen limpio; algunas protegen a la reina y a las hormigas bebés; y otras reúnen alimento. Es muy posible que sólo colectes hormigas obreras y puedas verlas realizando algunas de estas tareas. Las hormigas son una de las pocas clases de animales que dividen su trabajo.

Solución a los ejercicios

1. ¡*Piensa!*

- Cada animal individual en el superorganismo realiza una de las tres tareas: uno prepara el alimento, otro hace que el superorganismo se mueva y el tercero lo defiende.

  La figura de la página siguiente es tan sólo un posible ejemplo de este superorganismo imaginario.

2a. ¡Piensa!

- Un grupo social es una población pequeña que vive y viaja en conjunto y cuyos miembros dependen en cierto modo unos de otros.
- Una colonia es una población grande cuyos miembros dependen unos de otros.

Los leones son un grupo social.

b. ¡Piensa!

- La gran cantidad de cormoranes indica que no son grupos sociales pequeños. Algunas colonias de aves marinas contienen miles de aves.

Los cormoranes son una colonia.

c. ¡*Piensa!*

- Una familia puede vivir en una granja aislada, dentro de una pequeña comunidad o en una ciudad con un millón de personas. Un grupo mayor de personas podría considerarse una colonia, como las aves representan una colonia.

La familia es un grupo social.

4

¿*Buenos o malos amigos?*

Aprendiendo sobre las interacciones entre algunas especies relacionadas íntimamente

Lo que necesitas saber

En el **mutualismo**, la relación se establece entre organismos de dos especies diferentes, en la cual los dos organismos reciben algún beneficio. Un ejemplo interesante de mutualismo es el del ave del cocodrilo y el cocodrilo del Nilo. El cocodrilo permite que el ave le limpie los dientes y el hocico. El ave saca los restos de alimento de los dientes del cocodrilo y se los come junto con sanguijuelas y otros organismos dañinos para el cocodrilo. Una relación similar es la que existe entre el ave rabo de buey, que se posa en el lomo de un rinoceronte y come ácaros y moscas que chupan sangre. Todos los animales se benefician en estas dos relaciones. Las aves encuentran alimento y el cocodrilo y el rinoceronte son aseados y ninguno de los animales sufre daño.

Otro ejemplo de mutualismo es la relación que existe entre la vaca y las bacterias que viven en su estómago. La vaca se alimenta de plantas, pero no puede digerir la fibra vegetal llamada **celulosa**, que compone las paredes de las células vegetales. Una bacteria especial que digiere celulosa y se encuentra en el estómago de la vaca, libera sustancias químicas que cambian a la celulosa lo suficiente para que la vaca la digiera. Las bacterias proporcionan nutrimentos valiosos para su hospedero, a cambio de un ambiente protegido, húmedo y lleno de alimento. De nuevo, los dos organismos se benefician de su relación.

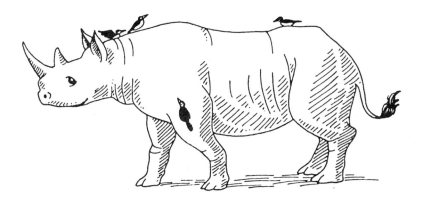

El **parasitismo** es una relación en la que un organismo, llamado **parásito,** asegura su alimentación al vivir sobre o dentro de otro organismo. El parásito es el **huésped** y el organismo en el que vive o dentro del cual vive es el **hospedero.** La relación es en general benéfica para el parásito y perjudicial para el hospedero. La mayoría de los parásitos no matan a su hospedero. Los piojos y las pulgas son parásitos comunes que se alimentan de la sangre de sus hospederos. Diversos tipos de gusanos y otros organismos son parásitos frecuentes que viven dentro de animales.

El **comensalismo** es una relación entre dos organismos de especies diferentes en la cual el organismo huésped vive sobre o dentro del organismo hospedero. El organismo huésped se beneficia de la relación, pero el hospedero ni se beneficia ni se perjudica. Un ejemplo de comensalismo es una **epífita,** una planta que vive sobre otra planta sin dañar a la planta hospedera. La epífita se nutre del aire y la lluvia, no de su hospedero. El hospedero sólo le proporciona una estructura de sostén. Las epífitas son comunes en los bosques tropicales, donde viven en las ramas de plantas para atrapar luz solar y lluvia y recibir una provisión de aire.

Ejercicios

1. Usa el **pictograma** (dibujos y símbolos para representar una palabra) para adivinar el nombre de cada organismo que se describe a continuación:

   a. Este organismo es un ave que come insectos que viven sobre los antílopes y los irritan. El ave vuela ruidosamente cuando otros animales se aproximan.

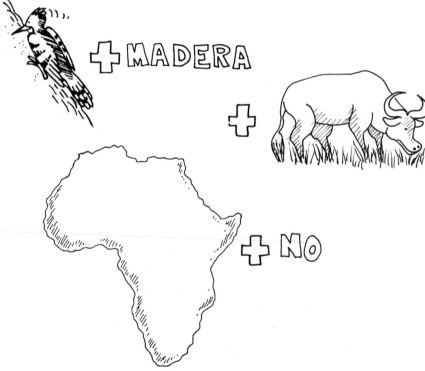

   b. Este organismo vive en el intestino de su hospedero y se alimenta de la sangre de éste. El hospedero pier-

de sangre, se adelgaza y es presa fácil de enfermedades.

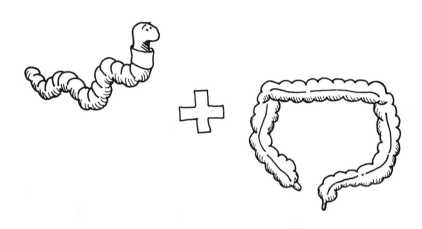

2a. Elige una de las palabras siguientes para identificar la
relación entre el ave y el antílope descrita en la pregunta 1a.

- comensalismo

- parasitismo

- mutualismo

b. ¿Cuál de las palabras describe la relación entre el organismo y su hospedero mencionados en la pregunta 1b?

Actividad: COMPAÑEROS

Objetivo Examinar un liquen.

Materiales *2 o 3 pedazos de liquen (una placa verde*
pálido, escamosa o con forma de hoja, que
se encuentra generalmente en el lado norte
de los árboles)

lámpara de escritorio
lupa
recipiente pequeño
vaso
agua
gotero

Procedimiento

■ Sostén una de las muestras de liquen debajo de la lámpara de escritorio.

■ Usa la lupa para observar toda la superficie externa del liquen.

■ Coloca otra muestra de liquen en el recipiente.

■ Agrega agua hasta la mitad del vaso.

■ Usa el gotero para añadir de 2 a 3 gotas de agua a la superficie del liquen en el recipiente.

Resultados La superficie del liquen tiene áreas verdes y blancas. El liquen absorbe el agua como una esponja.

¿Por qué? El **liquen** es una combinación de un alga verde y un hongo incoloro. El liquen es un ejemplo de mutualismo. El alga verde contiene **clorofila**, un pigmento verde que absorbe luz y se usa en la fotosíntesis. La **fotosíntesis** es el proceso mediante el cual las plantas usan la energía luminosa atrapada por la clorofila para convertir el **bióxido de carbono**, un gas en el aire, y agua en alimento para la planta. El alimento del alga se comparte con el hongo, el cual no tiene clorofila y por lo tanto, no puede producir su propio alimento. En cambio, el hongo absorbe agua que contiene minerales vitales para su supervivencia y la del alga. El hongo tiene filamentos diminutos mediante los cuales se pega a superficies, como la corteza de un árbol, para anclar al liquen. Los dos organismos se benefician de su relación.

Solución a los ejercicios

1a. *¡Piensa!*

- pájaro carpintero + madera + buey = picamaderos de buey
- África + no = africano

  El ave es un picamaderos de buey africano.

b. *¡Piensa!*

- gusano + intestino = gusano intestinal

  El organismo es un gusano intestinal.

2a. *¡Piensa!*

- El picamaderos africano recibe alimento de los insectos que le quita al antílope. El antílope se libra de los insectos irritantes.

43

- La señal de alarma que el ave produce al volar ruidosamente evita que el antílope sea atacado por depredadores. Así, el antílope vive más tiempo y el picamaderos sigue obteniendo alimento.
- Los dos organismos se benefician de la relación.

La relación entre el picamaderos africano y el antílope es de mutualismo.

b. ¡Piensa!

- El gusano intestinal se alimenta de la sangre del hospedero.
- La pérdida de sangre daña al hospedero.

La relación entre el gusano intestinal y su hospedero es de parasitismo.

5

La cadena alimentaria

Cómo se relacionan plantas y animales mediante el alimento

Lo que necesitas saber

Los insectos comen hojas; las ranas comen insectos. Estos tres organismos constituyen dos eslabones en una cadena de energía básica, llamada comúnmente una cadena alimentaria. Una **cadena alimentaria** es una serie de organismos relacionados entre sí en el orden en el que unos se alimentan de otros. Antes del primer eslabón o nivel, la fuente primaria de energía es el sol en la mayoría de las cadenas alimentarias. Las plantas usan la energía solar para producir su propio alimento mediante la fotosíntesis. Por lo tanto, a las plantas se les llama **productores** porque son los únicos organismos en la cadena que usan materia no viviente para producir alimento.

Los animales son incapaces de producir su propio alimento y deben comer otros organismos. Por eso a los animales se les llama **consumidores**. Los consumidores se clasifican de acuerdo con lo que comen. Si son **herbívoros** (animales que comen sólo plantas), son **consumidores de primer orden**. A los **carnívoros** (animales que comen a otros animales) que comen consumidores de primer orden se les llama **consumidores de segundo orden**. Los **consumidores de tercer orden** comen

45

consumidores de primero o de segundo orden y así en adelante. El organismo en el extremo superior de una ca-

CADENA ALIMENTARIA

CONSUMIDOR MAXIMO

CONSUMIDOR TERCER ORDEN

CONSUMIDOR SEGUNDO ORDEN

CONSUMIDOR PRIMER ORDEN

PRODUCTOR PRIMARIO

SOL

dena alimentaria se llama **consumidor máximo**. Rara vez hay más de cinco niveles en una cadena alimentaria. Cada nivel aumenta de tamaño de arriba hacia abajo debido a

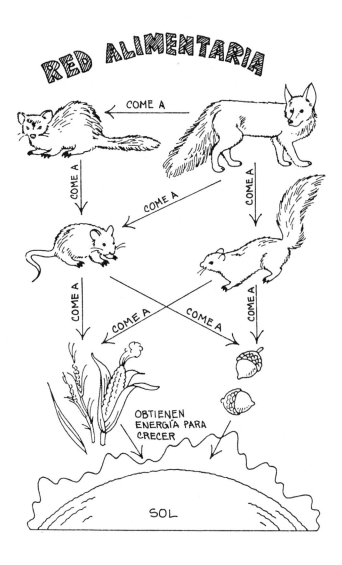

RED ALIMENTARIA

COME A

COME A

COME A

COME A

COME A

COME A

COME A

OBTIENEN ENERGÍA PARA CRECER

SOL

que cada organismo debe comer más organismos del nivel inferior para obtener energía suficiente para vivir.

Algunas bacterias y hongos causan la **descomposición** de las plantas y los animales muertos (se pudren o se echan a perder). Estos organismos se conocen como **descomponedores.** Los nutrimentos y minerales del material descompuesto se convierten en parte del suelo. Las plantas se alimentan de estos nutrimentos y minerales del suelo. Debido a que los descomponedores degradan tanto a productores como a consumidores para ayudar a alimentar a los productores, son parte de la transferencia de energía en la cadena alimentaria. Esta transferencia de alimento de los productores a los consumidores y a los descomponedores y de nuevo a los productores es un ciclo continuo.

Las plantas y los animales pueden ser el alimento de distintos tipos de animales y la mayoría de los animales comen más de una clase de alimento. Por consiguiente, muchos animales pertenecen a varias cadenas alimentarias distintas. Las cadenas alimentarias en cualquier comunidad se relacionan para formar una **red alimentaria.** Aun cuando se identifican redes alimentarias definidas dentro de cada comunidad, los animales de una red alimentaria también podrían alimentarse de plantas y animales de otra. Los **omnívoros** son animales que comen plantas y animales. Esta red de redes alimentarias crea una red alimentaria masiva, intercomunicada, compuesta de todas las formas de vida sobre la Tierra.

La eliminación de cualquier parte de una red alimentaria podría tener efectos de mucho alcance. Por ejemplo, un granjero que caza demasiados zorros podría alterar el número de árboles que crecen en esa área. Sin los zorros que se comen las ardillas, habría más ardillas. Las ardillas se comerían todas las nueces de los árboles. Las nueces contienen las semillas de donde crecen nuevos árboles. A causa de que se hubieran comido todas las nueces, no crecerían árboles nuevos.

48

Ejercicios

El número de organismos en cada nivel de una cadena alimentaria varía. Usa la gráfica de barras y los dibujos de pirámides para contestar las preguntas siguientes:

1a. ¿Qué nivel de la cadena alimentaria tiene más organismos?

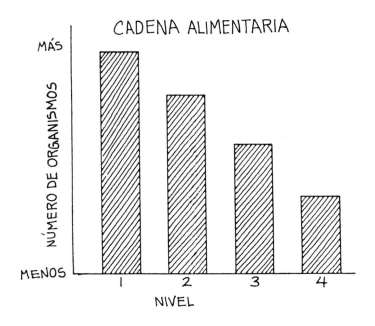

b. ¿Qué nivel de la cadena alimentaria tiene menos organismos?

2. ¿Cuál pirámide de la página siguiente, A o B, representa correctamente el número de organismos en cada nivel de una cadena alimentaria?

49

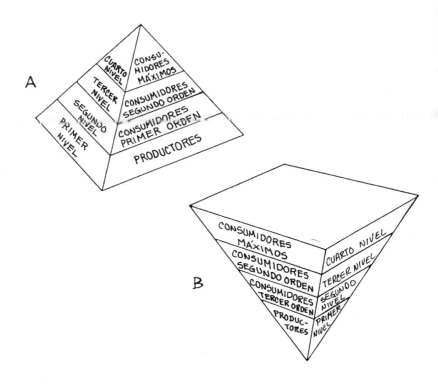

A

CUARTO NIVEL — CONSUMIDORES MÁXIMOS
TERCER NIVEL — CONSUMIDORES SEGUNDO ORDEN
SEGUNDO NIVEL — CONSUMIDORES PRIMER ORDEN
PRIMER NIVEL — PRODUCTORES

B

CONSUMIDORES MÁXIMOS — CUARTO NIVEL
CONSUMIDORES SEGUNDO ORDEN — TERCER NIVEL
CONSUMIDORES TERCER ORDEN — SEGUNDO NIVEL
PRODUCTORES — PRIMER NIVEL

Actividad: UNA Y OTRA VEZ

Objetivo   Construir un modelo de una cadena alimentaria.

Materiales   *compás*
hoja de papel
tijeras
lápiz
un pedazo de 45 x 20 cm (18 x 8 pulg)
de cartulina de color oscuro (rojo o azul)
regla
broche redondo
cinta adhesiva transparente
ayudante adulto

50

Procedimiento

■ Usa el compás para dibujar un círculo de 17.5 cm (7 pulg) de diámetro en el papel.

■ Recorta el círculo.

■ Divide el círculo en tres partes iguales y ponle animales, plantas, bacterias y letreros como en el dibujo. Este círculo se llamará la rueda de la cadena alimentaria.

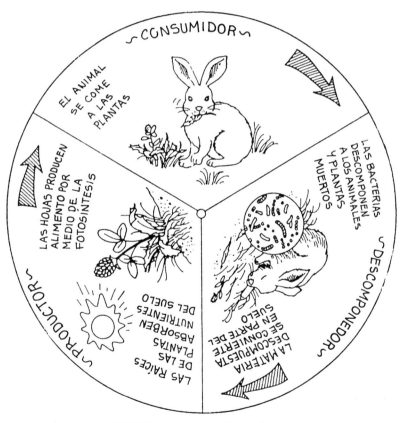

RUEDA DE LA CADENA
ALIMENTARIA

■ Sobre la cartulina, mide y marca las líneas de dobleces como se indica.

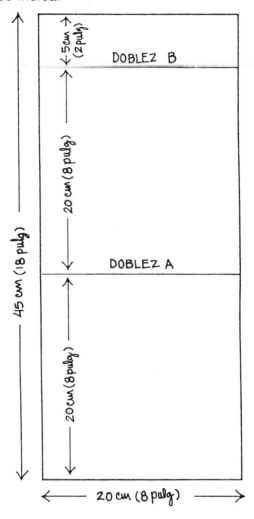

■ Dobla la cartulina a lo largo de la línea A. El lado más largo de la cartulina se llamará lado frontal.

■ Sobre el lado frontal de la cartulina, marca un punto a 15 cm (6 pulg) de una orilla corta y a 10 cm (4 pulg) de cada orilla larga, como se muestra.

- Dibuja un triángulo a lo largo del doblez, empezando a 2.5 cm (1 pulg) de cada orilla larga y hasta un punto a 0.6 cm (1/4 pulg) del punto central.
- Corta el triángulo en las dos secciones de la cartulina.

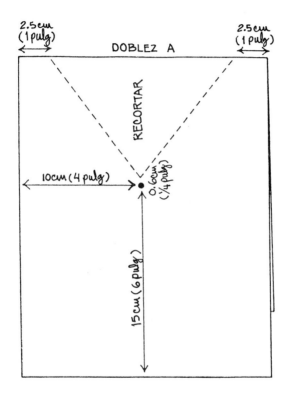

- Pídele a un adulto que use el compás para hacer un agujero en el centro de la rueda de la cadena alimentaria y en el punto central sobre la cartulina. Asegúrate de que haga el agujero a través de las dos secciones de la cartulina.
- Inserta la rueda de la cadena alimentaria entre las dos secciones de la cartulina, de modo que los dibujos estén del lado frontal de la cartulina.

- Inserta el broche en los agujeros de las tres capas y asegúrala en la parte de atrás de la cartulina.
- Dobla la cartulina a lo largo de la línea B y asegúrala con cinta adhesiva.
- Sostén la cartulina con el lado frontal hacia ti.
- Gira la rueda de la cadena alimentaria en dirección contraria a las manecillas del reloj.
- Observa la secuencia de dibujos en la ventana triangular.

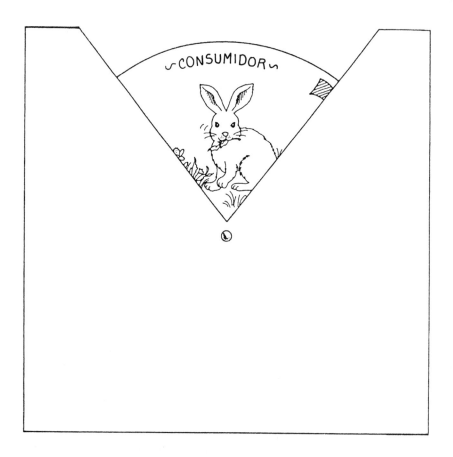

Resultados Se hizo un modelo que muestra la transferencia de energía en una cadena alimentaria.

¿Por qué? Sólo se observa una parte de la cadena alimentaria en la ventana. Al girar la rueda, se ve el siguiente nivel de la cadena alimentaria. Puedes seguir la transferencia de energía del productor al consumidor y al descomponedor y de nuevo al productor.

Solución a los ejercicios

1a. ¡Piensa!

- ¿Qué nivel tiene la barra más alta en la gráfica?

   El primer nivel tiene más organismos.

b. ¡Piensa!
- ¿Qué nivel tiene la barra más corta en la gráfica?

   El cuarto nivel tiene menos organismos.

2. ¡Piensa!
- El primer nivel de una cadena alimentaria es el más grande y el último o más alto es el más pequeño.
- La base (extremo plano) de una pirámide es la parte más grande y el ápice (extremo puntiagudo) es la más pequeña.

   La pirámide A representa correctamente el número de organismos en una cadena alimentaria.

6

Expulsadas

Qué es una mala hierba y cuáles son sus beneficios

Lo que necesitas saber

Por lo general, se dice que una **mala hierba** es cualquier planta que crece donde no se le desea. Un nogal que crece entre naranjos es una mala hierba si sólo se quiere

tener naranjos. Hasta una rosa se considera mala hierba si crece en un campo donde un campesino plantó trigo. Pero las rosas en un jardín de rosales y los nogales en un huerto de nogales no son malas hierbas.

Aunque cualquier planta no deseada es una mala hierba, hay plantas que se consideran malas hierbas sin importar dónde crezcan, como la bardana, el pasto de nogales y la ambrosía. Las plantas que no son útiles como alimento ni admiradas por su belleza también se consideran malas hierbas. La mayoría de las malas hierbas parecen crecer en todas partes y no necesitan cuidados especiales. Sus semillas se esparcen fácilmente y las malas hierbas crecen a menudo mejor que las plantas que se cuidan en jardines y pastizales.

Es cierto que en general las malas hierbas no son deseadas y que se pasa mucho tiempo tratando de eliminarlas. Pero algo bueno que puede decirse de las malas hierbas es que en ocasiones impiden la **erosión del suelo** (el desgaste del suelo por el viento o el agua). Esto es especialmente cierto en donde se ha despejado la tierra para la construcción de caminos o casas. Las malas hierbas crecen con tal facilidad en ciertas áreas, que sus raíces se desarrollan rápidamente, con lo que retienen el suelo en su lugar y evitan que lo arrastre el agua durante lluvias intensas o que se lo lleve el viento.

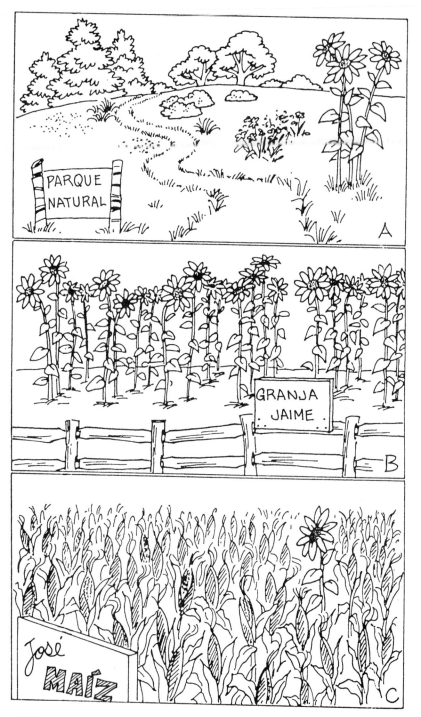

Ejercicio

Los dientes de león, los azulejos, los ranúnculos y otras plantas con flores que crecen en bosques, desiertos u otras áreas naturales, se llaman **flores silvestres**. Estas mismas plantas con flores serían llamadas malas hierbas en el maizal de un campesino. Observa los dibujos en la página anterior e identifica al que representa al girasol como una mala hierba.

Actividad: CHUPADOR

Objetivo Demostrar cómo las malas hierbas ayudan a humedecer el suelo.

Materiales *regla*
cinta adhesiva (masking tape)
2 vasos de plástico transparente de 210 ml (7 onzas)
bolígrafo (pluma)
tierra para macetas
3 palitos para paletas
agua
cronómetro

Procedimiento

- ■ Pega de manera vertical un pedazo de 5 cm (2 pulg) de cinta adhesiva en un lado de cada vaso, de modo que un extremo de la cinta toque el borde del vaso.
- ■ Haz una marca sobre la cinta a 1.25 cm (1/2 pulg) del borde de cada vaso hacia abajo.
- ■ Coloca tierra en los vasos hasta el borde inferior de la cinta adhesiva y comprímela.
- ■ Mueve un poco cada palito hacia adelante y hacia atrás conforme los metes en la tierra de uno de los vasos como se ilustra en la página siguiente.

59

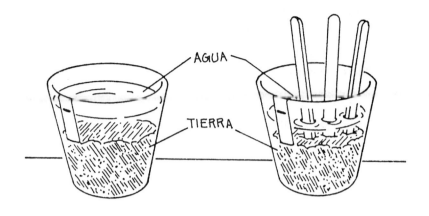

■ Añade agua hasta la marca en cada vaso y luego marca la altura de nuevo después de 1 minuto.

Resultados   La altura del agua en el vaso con los palitos es menor que la del vaso sin palitos.

¿Por qué? Cuando se añade agua al vaso con los palitos, el agua corre por los agujeros que los palitos hicieron en la tierra. Las raíces en crecimiento de las malas hierbas o las raíces de todas las plantas, como al insertar los palitos, hacen pequeñas aberturas conforme se mueven por el suelo. Esto le permite al agua de lluvia llenar los agujeros y humedecer la tierra, en vez de correr sobre su superficie. El agua que moja la tierra puede ser usada por las malas hierbas y por otras plantas.

Solución al ejercicio

¡Piensa!

- En un parque natural, las plantas con flores, como el girasol, se consideran flores silvestres.

- Cuando los girasoles se cultivan en una granja para obtener sus semillas, que la gente se come, no son ni flores silvestres ni mala hierba.
- Los girasoles que crecen donde no son deseados, como en un maizal, son mala hierba.

La figura C representa al girasol como mala hierba.

7

Aliento de dinosaurio

Aprendiendo sobre el ciclo del oxígeno

Lo que necesitas saber

Todos los organismos viven dentro de la **biosfera** de la Tierra (la parte viviente del planeta). La biosfera se extiende desde justo arriba hasta justo debajo de la superficie de la Tierra. Todas las necesidades de un organismo, excepto la energía solar, las satisfacen los recursos que proporciona esta capa de la Tierra.

Si los gases de la **atmósfera** (la capa de aire que rodea a la Tierra), el agua y otros recursos vitales para la vida se usaran sólo una vez, se agotarían rápidamente. Estos recursos han existido y han sido usados por los organismos durante muchos años debido a que se **reciclan** (se usan de nuevo). Un proceso mediante el cual las plantas y los animales reciclan recursos de la atmósfera es la **respiración.** Durante la respiración, las plantas y los animales toman **oxígeno** (un gas atmosférico necesario para la respiración) y sacan bióxido de carbono. La respiración ocurre en plantas y animales día y noche. La fotosíntesis, el proceso por el cual las plantas absorben bióxido de carbono y producen oxígeno, ocurre sólo en las plantas. La fotosíntesis es un proceso de dos fases. La fase luminosa de la fotosíntesis requiere luz, de modo que se limita a las horas del día o a la presencia de luz artificial. La fase oscura de la fotosíntesis ocurre en ausencia de luz.

Los animales toman los gases que las plantas producen y las plantas toman los gases que los animales expulsan. A este reciclado de gases se le llama **ciclo del oxígeno,** porque el oxígeno o los gases que lo contienen se intercambian entre plantas y animales. Este uso renovado del oxígeno significa que puedes estar respirando el mismo oxígeno que respiraron los dinosaurios hace millones de años.

Ejercicios

1. ¿Qué dibujos de la página siguiente describen estos procesos?
   a. fase luminosa de la fotosíntesis
   b. respiración

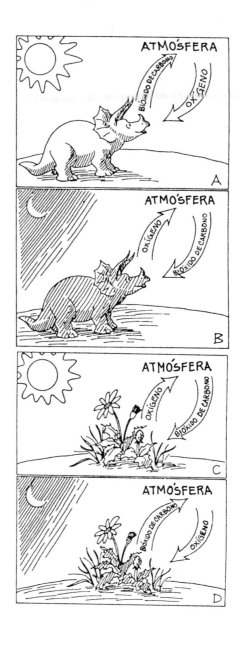

2. El dibujo tiene cuatro flechas, pero sólo dos de ellas representan correctamente al ciclo del oxígeno. Identifícalas.

Actividad: SOLO EN CASA

Objetivo Demostrar cómo las plantas pueden vivir sin animales.

Materiales *una taza (250 ml) de tierra para maceta*
frasco de 1 litro (1 qt), con tapa
pala
un trozo de pasto
agua

Procedimiento

■ Vierte la tierra en el frasco.
■ Pide permiso y usa la pala para desenterrar un trozo de pasto que quepa dentro del frasco.

■ Humedece la tierra con agua, cuida que quede húmeda, no empapada.
■ Coloca la tapa al frasco.
■ Coloca el frasco cerca de una ventana, pero no donde le dé la luz solar directa.

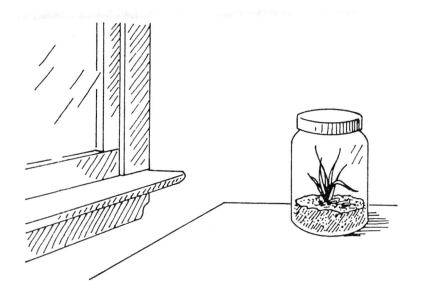

■ Observa el frasco durante el día y la noche tan frecuentemente como sea posible, durante 2 semanas.

Resultados El interior del frasco se ve vaporoso en ocasiones durante el día. Aparecen gotas de agua dentro del frasco durante la noche y partes del día.

¿Por qué? La fotosíntesis es el proceso mediante el cual la clorofila de las plantas atrapa energía luminosa y la usa para convertir el bióxido de carbono y el agua en azúcar y oxígeno. La planta usa el azúcar como alimento y el oxígeno se libera a la atmósfera. La fotosíntesis se puede resumir como sigue:

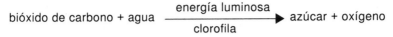

bióxido de carbono + agua $\xrightarrow[\text{clorofila}]{\text{energía luminosa}}$ azúcar + oxígeno

Durante el proceso de la respiración, el azúcar se combina con el oxígeno para formar agua, bióxido de carbono y energía. La luz no es necesaria para la respiración vegetal. La planta libera agua y bióxido de carbono y usa la energía para realizar sus actividades vitales. La respiración se puede resumir como sigue:

azúcar + oxígeno $\longrightarrow$ bióxido de carbono + agua + energía

Observa que la respiración produce el bióxido de carbono y el agua necesarios para la fotosíntesis. El vapor y las gotas de agua en el interior del frasco se deben en parte al agua que se produce en la respiración y que sale de la planta. El agua también se **evapora** (cambia de líquido a gas, como resultado de haberse calentado) del suelo y se **condensa** (cambia de gas a líquido, como resultado de haberse enfriado). El agua que resulta de este proceso se denomina de **condensación.** También produce gotas y vapor dentro del frasco.

El pasto sobrevive dentro del frasco porque las plantas producen muchos de los materiales que necesitan para sobrevivir. Las plantas pueden vivir sin animales, pero los animales no pueden vivir sin plantas porque los animales no pueden producir oxígeno ni su propio alimento. Si se destruyeran todas las plantas sobre la Tierra, el oxígeno se agotaría y los animales morirían, a menos que se encontrara un modo de sustituir el oxígeno y el alimento producidos por las plantas.

Solución a los ejercicios

1a. ¡Piensa!

- La fase luminosa de la fotosíntesis ocurre cuando la planta recibe luz.

67

- Durante la fase luminosa de la fotosíntesis, las plantas toman bióxido de carbono y producen oxígeno.

El diagrama C representa la fase luminosa de la fotosíntesis.

b. ¡Piensa!

- La respiración ocurre durante las horas del día y de la noche en plantas y animales.
- Durante la respiración, las plantas y los animales toman oxígeno y liberan bióxido de carbono.

Los diagramas A y D representan la respiración.

2. ¡Piensa!

- Los animales toman el oxígeno que liberan las plantas. Las plantas consumen el bióxido de carbono que liberan los animales.

Las flechas B y D representan correctamente el ciclo del oxígeno.

8

De arriba a abajo

Aprendiendo sobre el ciclo del agua

Lo que necesitas saber

Todos los organismos vivos necesitan agua. De hecho, la vida como la conocemos no podría existir sin agua. El agua de la biosfera de la Tierra se usa una y otra vez. Este reciclado se denomina **ciclo del agua.** Es el movimiento continuo del agua entre la tierra y la atmósfera. El dibujo de la página siguiente muestra el movimiento del agua y cómo cambia durante el ciclo.

Uno de los cambios en el ciclo del agua es la evaporación, que es el cambio del agua del estado líquido al gaseoso, llamado **vapor de agua.** Después de nadar, tu traje de baño y tu piel húmedos se secan con rapidez cuando te da el sol, debido a la evaporación. Como se muestra en el dibujo del ciclo del agua, el agua se evapora constantemente de lagos, arroyos y ríos.

Las hojas de las plantas también liberan vapor de agua hacia la atmósfera, por medio de un proceso denominado **transpiración.** Las raíces de las plantas absorben agua del suelo y ésta se distribuye en toda la planta. Gran parte de esta agua se pierde después mediante la transpiración a través de las hojas.

Una vez en la atmósfera, el vapor de agua puede enfriarse y regresar al estado de agua líquida como resultado de la condensación. Las nubes se forman cuando el vapor de agua se condensa en la atmósfera. El agua que se junta en la parte externa de una lata de refresco frío también es un ejemplo de condensación.

Cuando las gotas de agua de las nubes son suficientemente grandes, caen en forma de **precipitación** (agua que regresa a la tierra en forma de lluvia, nieve, aguanieve o granizo). El agua cae sobre cuerpos de agua abiertos y sobre la tierra. Parte del agua que cae sobre la tierra sigue su camino hacia los cuerpos de agua abiertos porque corre cuesta abajo hacia los arroyos que desembocan en lagos, ríos y océanos. El agua también moja al suelo, donde la utilizan las plantas, se evapora o se mueve debajo de la tierra hacia un cuerpo de agua abierto.

Este cambio continuo del agua de líquido a gas y de gas a líquido en el ciclo del agua continúa un día tras otro. En el **desierto**, la cantidad de agua que se evapora es mayor que la precipitación. Lo contrario ocurre en un **bosque tropical lluvioso.** La cantidad de agua que sale de la tierra y regresa a ella puede variar de un lugar a otro. Sin embargo, si consideras toda la Tierra, el ciclo del agua está equilibrado. Esto significa que el agua nunca desaparece, sólo cambia de una forma a otra.

Ejercicios

En las ecuaciones siguientes, $\longrightarrow$ = produce, S = agua sólida o congelada, L = agua líquida y V = vapor de agua.

A. $L - \text{energía} \longrightarrow S$

B. $L + \text{energía} \longrightarrow V$

C. $V - \text{energía} \longrightarrow L$

D. $S + \text{energía} \longrightarrow L$

Nombra la letra de la ecuación que representa lo siguiente:

1. Evaporación del agua
2. Condensación del agua

Actividad: GOTERA

Objetivo   Demostrar el ciclo del agua.

Materiales   *agua*
regla
recipiente transparente del tamaño aproximado de una caja de zapatos

pedazo de plástico (forro para cuaderno)
cubo de hielo
bolsa de plástico con cierre hermético
reloj

Procedimiento

■ Vierte agua en el recipiente hasta una altura de 2.5 cm (1 pulg).

■ Cubre la parte superior del recipiente con el pedazo de plástico.

■ Pon el cubo de hielo en la bolsa hermética y ciérrala.

■ Coloca la bolsa en el centro del plástico que cubre la caja.

■ Empuja suavemente el hielo hacia abajo unos 2.5 cm (1 pulg), de modo que la envoltura del plástico se hunda en el centro.

■ Ubica la caja cerca de una ventana para que le dé el sol.

■ Observa la superficie del plástico que está directamente debajo del cubo de hielo cada 20 minutos durante 1 hora o hasta que el hielo se funda.

Resultados Se forman gotas de agua en el lado interior del plástico, debajo del hielo. Algunas de estas gotas de agua caen de nuevo en el agua de la caja.

¿Por qué? El calor del sol proporciona energía, lo que causa que parte del agua líquida de la caja se evapore. El vapor de agua sube y se condensa en el lado interior del plástico, que está frío por el hielo. Al juntarse más agua en el plástico, las gotas aumentan de tamaño hasta que su peso las hace caer de nuevo en el agua de abajo. Éste es un modelo del ciclo del agua en la Tierra. El fondo de la caja representa la superficie de la Tierra y el plástico representa la atmósfera de la misma. Mientras la caja permanezca cerrada, la cantidad de agua en ella será la misma; sólo cambia de una forma a otra.

Solución a los ejercicios

1. ¡Piensa!

- La ecuación de la evaporación del agua dice: agua líquida más energía produce vapor de agua.

  La ecuación B representa la evaporación del agua.

2. ¡Piensa!

- La ecuación de la condensación del agua dice: vapor de agua menos energía produce agua líquida.

  La ecuación C representa la condensación del agua.

9

Adaptación

Cómo se adaptan los organismos a su ambiente

Lo que necesitas saber

Los organismos viven en muchos ambientes distintos. Sobreviven cuando se satisfacen sus necesidades de alimento, refugio y protección. Los organismos que sobreviven se han adaptado a su medio. Una **adaptación** es una característica física o una conducta que le permite a un organismo ajustarse a las condiciones de un ambiente específico. Por ejemplo, los pies de algunos animales que viven en el agua y cerca de ella tienen una piel delgada, estirada entre sus dedos. Los pies con membranas interdigitales permiten que el animal se mueva rápidamente en el agua.

Un desierto es un área de tierra que recibe menos de 25 cm (10 pulg) de lluvia al año y pierde más agua por la evaporación que la que gana por precipitación. Los animales y plantas del desierto tienen adaptaciones físicas para almacenar agua o comida o para enfriarse con rapidez. Un animal que sobrevive en el desierto es el camello, el cual puede beber grandes cantidades de agua una vez. Otro animal del desierto es la liebre americana, que tiene orejas largas con muchos vasos sanguíneos cerca de la superficie, lo cual acelera la pérdida de calor corporal.

Las espinas de los cactos y de algunas otras plantas del desierto interrumpen el flujo del viento y así ayudan a evitar que la planta se seque. Si las espinas son brillantes, reflejan algunos de los rayos solares lejos de la planta. Aunque las espinas son pequeñas, sus sombras pueden añadir mayor protección contra el sol. Las espinas de algunos cactos están dirigidas hacia abajo y actúan como puntas para concentrar la lluvia ligera o el rocío abundante en gotas de agua, las cuales caen al suelo debajo del cacto. En general, los tallos y las hojas de los cactos son gruesos o redondos o los dos, para evitar que las plantas pierdan demasiada agua mediante la transpiración.

A diferencia de otros animales, tú puedes adaptarte a casi cualquier ambiente, desde la cima del Popocatépetl cubierta de nieve hasta las playas soleadas de Acapulco. Esta adaptación flexible se debe en parte a tu capacidad para cambiar tu ropa y tus zapatos. Con prendas diseñadas especialmente para conservar la temperatura corporal te adaptas mejor a un ambiente nevado y los esquís te facilitan moverte en la nieve. La ropa más ligera y en menor cantidad permite la pérdida del calor corporal para mantener el cuerpo más fresco en un ambiente cálido. Las sandalias mantienen frescos tus pies y los protegen de las superficies calientes.

Incluso puedes regular la temperatura dentro de tu casa o automóvil al encender un calentador para calentar el ambiente o un aparato acondicionador del aire para enfriarlo. Otros animales no parecen tener la capacidad mental para crear ropas para ambientes distintos o la tecnología que altere o modifique su ambiente. En el caso de todos los demás animales, así como en el de las plantas, sólo pueden sobrevivir aquéllos que tienen características de adaptación para un ambiente.

Ejercicio

Los organismos de los tres dibujos siguientes se colocaron erróneamente. Relaciona cada organismo con el ambiente para el cual está mejor adaptado.

I. ORGANISMO:
PEZ

A. AMBIENTE:
DESIERTO

2. ORGANISMO: CACTOS

B. AMBIENTE: BOSQUE TROPICAL LLUVIOSO

3. ORGANISMO: MONO

C. AMBIENTE: OCÉANO

MONO MARINO II

Actividad: PICUDO

Objetivo   Simular una adaptación especial del pájaro carpintero para obtener alimento.

Materiales   *galleta con pasitas*
plato de cartón
bolígrafo (pluma)
palillo redondo

Procedimiento

Precaución: No ingieras los alimentos que uses en este experimento.

- Coloca la galleta en el plato.
- Usa el extremo puntiagudo del bolígrafo para sacar las partes de la galleta que rodean a una de las pasitas.
- Usa el palillo para picar la pasita y sacarla de la galleta.

Resultados La punta del bolígrafo rompe en pedazos la galleta que rodea a la pasita. El palillo se clava fácilmente en la pasita, lo que te permite sacarla de la galleta.

¿Por qué? El bolígrafo representa el pico fuerte, parecido a un cincel, del pájaro carpintero, el cual usa para sacar insectos de la madera. El palillo representa la lengua del pájaro carpintero, similar a una lanza, la cual usa para picar a los insectos expuestos.

El pico y la lengua del pájaro carpintero son adaptaciones físicas especiales de esta ave. Las aves que viven en ambientes distintos tienen sus propias adaptaciones físicas especiales para asegurarse de conseguir alimento.

Por ejemplo, el pelícano tiene un pico largo con forma de cucharón para sacar peces del agua. El pelícano no puede sacar insectos de los árboles y el pájaro carpintero no puede sacar peces del agua. Cada uno está adaptado a su propio ambiente.

Solución al ejercicio

¡Piensa!

- Los peces tienen branquias que les permiten respirar debajo del agua.

El mejor ambiente para el organismo 1 es el C.

¡Piensa!

- Los cactos no necesitan mucha agua.

El mejor ambiente para el organismo 2 es el A.

¡Piensa!

- Los monos tienen colas que les ayudan a moverse por los árboles.

El mejor ambiente para el organismo 3 es el B.

10

Fronteras

Conociendo ecosistemas y biomas

Lo que necesitas saber

Un **ecosistema** es un área distinta que combina comunidades **bióticas** (vivientes) y ambientes **abióticos** (no vivientes) en la cual los dos se influyen de manera recíproca. Las comunidades bióticas incluyen a todos los organismos vivos dentro del ecosistema. Estos organismos se influyen entre sí e influyen en el ambiente abiótico. El ambiente abiótico incluye cosas como la luz solar, el suelo, la humedad, los nutrimentos, la temperatura y otras similares. El área donde se mezclan dos o más ecosistemas se denomina **ecotono**. Puede haber animales y plantas de varios ecosistemas en esta área.

El **clima** (el estado del tiempo en un periodo extenso de tiempo) de un área determina los tipos de plantas que pueden vivir ahí. Un ecosistema que ocupa un área geográfica grande, donde viven plantas de un tipo debido al clima específico del área, se denomina **bioma.** Cada bioma se identifica por su **flora** (todas las plantas en un área determinada) y **fauna** (todos los animales en un área determinada). La Tierra está dividida en biomas terrestres descritos por cinco categorías principales de **vegetación** (vida vegetal). Estos biomas básicos se describen brevemente a continuación:

1. **Tundra:** Un bioma sin árboles, principalmente en las áreas del polo norte, con inviernos gélidos y largos y veranos breves. Aquí sobreviven pastos, musgos, líquenes, arbustos pequeños y algunas plantas con flores.

2. **Bosque:** Un bosque contiene un grupo grande de árboles que en general crecen tan cerca unos de otros que muchas de sus copas se tocan o se sobreponen, lo que impide que el sol llegue al suelo. Los bosques son el tipo de vegetación más común y son los que requieren más lluvias.

3. **Pradera:** La vegetación principal es pasto o plantas similares a los pastos. Las sabanas son praderas con pocos árboles o dispersos. En áreas excesivamente secas, el pasto crece en grupos llamados estepas y hay suelo desnudo entre los grupos de pasto. En áreas más húmedas, el pasto puede medir de 1 a 2 m (3 a 6 pies) de altura.

4. **Desierto:** Un desierto es un bioma con menos de 25 cm (10 pulg) de lluvia al año. Algunos desiertos tienen poca o ninguna vegetación, mientras que otros tienen **chaparrales** (árboles y arbustos pequeños) y parches con pasto. Las plantas del desierto tienen diferentes maneras de adaptarse al clima seco. Algunas, como los cactos, almacenan agua durante largos periodos de tiempo; otras permanecen **latentes** (inactivas) en forma de semilla hasta que cae suficiente lluvia.

REGIONES DE BIOMAS SEGÚN SU VEGETACIÓN

BIOMAS	CARACTERÍSTICAS
1. TUNDRA	
2. BOSQUE	
3. PRADERA	
4. DESIERTO	
5. MONTAÑA	

5. **Montaña:** Una montaña es un bioma de tierra alta con diversos tipos de vegetación, según la altura. Una sola montaña puede empezar con un desierto en la base, cambiar a un bosque, luego convertirse en pradera y terminar en una tundra en la cima.

Los ecosistemas de agua incluyen plantas de agua dulce dentro y alrededor de ríos y lagos, así como plantas de agua salada dentro y alrededor de los océanos. Los océanos constituyen el ecosistema más grande, puesto que todos están unidos entre sí.

Todos los ecosistemas combinados constituyen la biosfera de la Tierra. La biosfera abarca toda la superficie de la Tierra y es la parte de la Tierra donde hay vida. *Bios* proviene de una palabra griega que significa "vida". La biosfera se extiende cerca de 9000 m (10000 yardas) arriba de la superficie de la Tierra al **nivel del mar** (el nivel de la superficie del océano) y cerca de 450 m (1500 yardas) debajo de la superficie de la Tierra. La Tierra es el único planeta conocido que tiene una biosfera.

Ejercicios

1. Usa el mapa de la página siguiente de los biomas de Australia para determinar la localización de los siguientes tipos de bioma:

a. desierto

b. bosque

BIOMAS DE AUSTRALIA

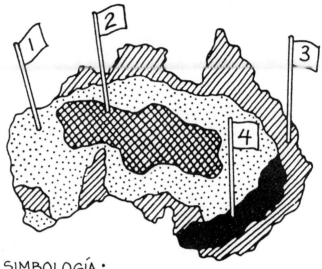

SIMBOLOGÍA :

POCA O NINGUNA VEGETACIÓN

PASTO Y PLANTAS SIMILARES A PASTOS

ÁRBOLES DE HOJAS ANCHAS

ÁRBOLES DE HOJAS ANCHAS Y ACICULARES

2. Relaciona cada bioma con la figura que lo representa correctamente en la página siguiente.

a. bosque

b. pradera

c. desierto

84

Actividad: MUESTRARIO

Objetivo   Estudiar una sección de un ecosistema.

Materiales   *cinta para medir*
9 lápices con punta

21 m (70 pies) de cuerda (cordón)
papel cuadriculado
bolígrafo (pluma)
brújula
termómetro

Procedimiento

■ Escoge un área de estudio que tenga una variada vida vegetal. Puede ser un bosque, un campo abierto o el patio alrededor de tu casa.

■ Con la cinta para medir, mide un área de 3 × 3 m (10 × 10 pies).

■ En cada una de las cuatro esquinas del área, entierra un lápiz, dejando que el lápiz sobresalga unos 12.5 cm (5 pulg).

■ Con la cinta para medir divide cada lado del área en secciones de 1.5 m (5 pies).

■ Entierra un lápiz en el suelo en cada intervalo de 1.5 m (5 pies) en todos los lados del área. Entierra un lápiz en el centro del área.

■ Usa la cuerda para unir los lápices adyacentes (vecinos), dividiendo el área en cuatro subáreas iguales.

■ Dibuja el área en el papel cuadriculado. Identifica cada subárea con un número. Indica las direcciones de la brújula (N, S, E y O) con flechas sobre el dibujo.

■ Haz un dibujo de cada subárea. Anota el número y el tamaño de las características notables, como rocas, árboles, veredas, áreas abiertas, erosiones, animales y otras.

■ Usa el termómetro para determinar la temperatura en diferentes sitios de cada subárea.

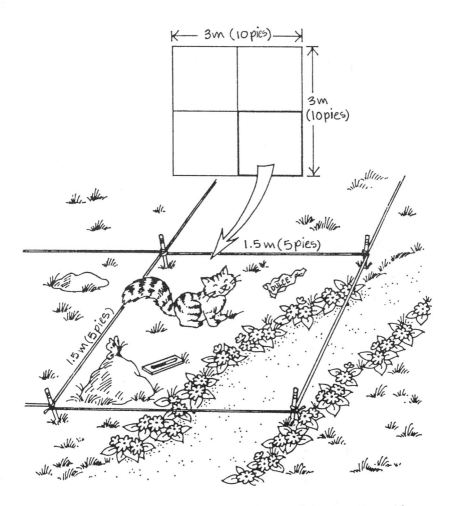

Resultados Se selecciona, mide y subdivide una porción de suelo como un ecosistema de muestra. Se anota una descripción general del número y del tamaño de las características notables de cada subárea.

¿Por qué? La subárea te permite estudiar características bióticas (plantas, animales e insectos) y características abióticas (suelo, caminos, rocas, basura, temperatura y otras). En este estudio, se puede contar el número y medir el tamaño de las características abióticas y bióticas. La información aislada que se toma de cada subárea, cuando se estudia como un todo, proporciona un panorama claro de la **comunidad ecológica** (interacción de organismos vivos con su ambiente) dentro del área. Esta información te da claves sobre el ecosistema circundante. Sin embargo, para obtener información más válida debes seguir el ejemplo de los ecólogos y estudiar más áreas. Estas áreas se deben seleccionar al azar, a partir de diferentes sitios dentro del ecosistema.

Solución a los ejercicios

1a. ¡Piensa!

- Los desiertos tienen poca o ninguna vegetación.

La sección 2 es un desierto.

b. ¡Piensa!

- Los bosques contienen árboles.

Las secciones 3 y 4 son bosques.

2a. ¡Piensa!

- La característica principal de un bosque es que tiene un gran número de árboles.

La figura B es un bosque.

b. ¡Piensa!

- La característica principal de una pradera es que tiene pasto.

La figura A es una pradera.

c. ¡Piensa!

- Un desierto tiene poca vegetación. Un cacto es una planta del desierto.

La figura C es un desierto.

11

Tierras congeladas

Plantas y animales en biomas polares y tundras

Lo que necesitas saber

La Tierra se divide en una mitad norte y otra sur por una frontera imaginaria llamada **ecuador**. Al área de la Tierra arriba del ecuador se le llama **hemisferio norte** y al área

debajo del ecuador se le llama **hemisferio sur.** El **círculo ártico** es la frontera imaginaria de la región polar norte en el hemisferio norte y el **círculo antártico** es la frontera imaginaria de la región polar sur en el hemisferio sur.

En las regiones polares hace un frío helado y la tierra y el agua están cubiertos de hielo todo el año. Este clima riguroso es demasiado frío para permitir la mayoría de la vida vegetal; sin embargo, los investigadores han encontrado algunas especies de musgo y liquen en el Antártico.

Los biomas de tundra se encuentran en su mayoría al norte del círculo ártico. Mientras que los inviernos en una tundra son largos, hay una breve e intensa estación de crecimiento debido a las muchas horas de luz del verano. Los suelos de la tundra están congelados la mayor parte del año, pero el hielo que se funde proporciona la

humedad necesaria para el crecimiento de plantas. No hay plantas altas, pero en este duro ambiente sobreviven pastos, líquenes, musgos, arbustos pequeños y pocas plantas con flores. Debido a que estas plantas están cerca del suelo, están protegidas de los fuertes vientos fríos que vienen de las regiones polares.

Una característica importante de una tundra es el **permafrost** (una capa de suelo permanentemente congelado por debajo de la superficie). Durante la estación cálida, la capa superior del suelo se descongela, pero las capas inferiores o subsuelo permanecen congeladas. El ciclo de crecimiento y de reproducción de las plantas debe completarse antes de que la capa superior se congele de nuevo. Algunas plantas pasan de la etapa de semilla a las etapas de germinación, crecimiento, floración y producción de semillas en tan poco tiempo como 40 días.

Los animales en una tundra **hibernan** (pasan el invierno en una condición de inactividad parcial o total similar al sueño), **emigran** (se desplazan de un lugar a otro) o viven bajo la nieve. Algunos de los animales que se encuentran en esta área son caribúes, zorros, liebres, lemmings, bueyes almizcleros y lobos. La mayoría de las aves llegan durante el corto periodo cálido para reproducirse y luego emigran hacia áreas más templadas por el resto del año.

Ejercicios

1. Estudia el mapa de la página siguiente y contesta:

a. ¿Dónde está el área de tundra más grande?

b. ¿Dónde está el área de tierra cubierta de hielo más grande?

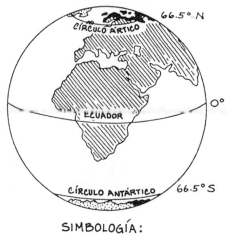

SIMBOLOGÍA:

■ TUNDRA

▨ TUNDRA CUBIERTA DE HIELO

2. ¿Cuál de los dibujos representa la vegetación que podría encontrarse en una tundra?

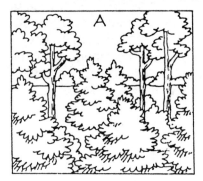
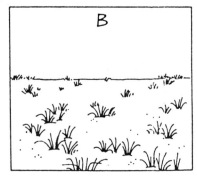

Actividad: ¡BRRRRR!

Objetivo   Determinar cómo la cubierta de piel protege a los animales del frío.

Materiales   *5 a 6 cubos de hielo*
recipiente grande
agua

termómetro
reloj
toalla de papel
guante de lana
bolsa de plástico

Procedimiento

■ Coloca los cubos de hielo en el recipiente y llena éste con agua.

■ No muevas el termómetro durante 10 minutos, de modo que registre la temperatura correcta del aire en el cuarto.

■ Sostén el termómetro en tu mano y coloca tu pulgar sobre el bulbo.

■ Presiona suavemente tu pulgar contra el bulbo durante 5 segundos.

Precaución: No presiones demasiado fuerte. El bulbo de vidrio podría romperse.

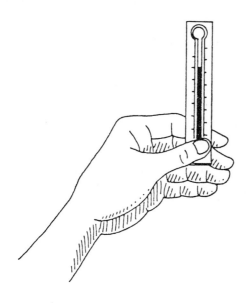

■ Observa el cambio en la lectura de la temperatura mientras sostienes el bulbo.

■ Coloca la misma mano en el recipiente de agua helada durante 5 segundos.

■ Seca tu mano con la toalla de papel. Sostén inmediatamente el termómetro en tu mano fría y presiona tu pulgar contra el bulbo durante 5 segundos.

■ Observa el cambio en la lectura de la temperatura.

■ Repite los pasos 3 a 6, usando el guante de lana. Coloca tu mano con el guante dentro de la bolsa de plástico en el paso 6, para evitar que el guante se moje.

■ Retira la bolsa y quítate el guante. Sostén inmediatamente el termómetro en tu mano fría y presiona tu pulgar contra el bulbo durante 5 segundos.

Resultados Al sostener el termómetro con tu mano que tiene la temperatura corporal normal provoca que la lectura aumente. La lectura del termómetro disminuye cuando oprimes el bulbo con tu mano fría. La mano fría con guante permanece más tibia que la mano fría sin guante.

¿Por qué? La energía calorífica se mueve de objetos más calientes a objetos más fríos. Un termómetro indica si un objeto está liberando o absorbiendo calor. Al iniciar el experimento, tu pulgar estaba a su temperatura corporal normal de aproximadamente 37°C (98.6°F). La temperatura corporal en general es mayor que la temperatura ambiente, de modo que la lectura del termómetro debió aumentar cuando tocaste el bulbo con tu mano tibia. La segunda lectura, que fue menor, indica que después de haberla puesto en agua helada, tu piel perdió energía calorífica y su temperatura fue menor que la temperatura corporal normal. El guante de lana funciona como **aislante** (un material que no gana ni pierde energía con facilidad), ya que evita que el calor de tu mano se pierda en el agua fría. El guante aislante mantuvo tu mano más caliente, tal y como la piel y las plumas aislantes de los animales mantienen su piel más caliente.

Solución a los ejercicios

1a. ¡*Piensa!*

- ¿Cuál es el símbolo para tundra en el mapa? Las áreas oscuras.

  El área de tundra más grande está arriba del círculo ártico o en la latitud 66.5° al norte del ecuador (66.5°N).

b. ¡Piensa!

- ¿Cuál es el símbolo para tierra cubierta de hielo en el mapa? Las áreas punteadas.

  El área de tierra cubierta de hielo más grande está debajo del círculo antártico o a la latitud 66.5° al sur del ecuador (66.5°S).

2. ¡Piensa!

- No hay árboles altos en una tundra.

  La figura B representa la vegetación que podría encontrarse en una tundra.

12

Bosques

Plantas y animales en biomas de bosque

Lo que necesitas saber

Hay tres tipos básicos de bosque: de coníferas, caducifolio y tropical lluvioso. Los **bosques de coníferas** contienen **plantas coníferas** (plantas cuyas semillas se producen en conos), las cuales tienen típicamente hojas aciculares (en forma de agujas). La mayoría de las coníferas son plantas **perennes** (plantas cuyas hojas permanecen verdes todo el año). Este tipo de bosque existe donde los inviernos son muy fríos y largos y donde llueve poco, como en las zonas del norte de Norteamérica, Europa y Asia y en las regiones montañosas del mundo. Estos bosques forman una faja al sur de la tundra en el hemisferio norte. A un bosque de coníferas a veces se le llama bosque boreal (por el nombre griego para el viento del norte), bosque de coníferas septentrional o taiga.

Los **bosques caducifolios** contienen **plantas deciduas**, las cuales tiran sus hojas una vez al año y se encuentran en general en áreas con temperaturas templadas y lluvia abundante todo el año. Estos bosques se encuentran en Japón, en la mayoría de los países europeos y en Asia y Norteamérica.

Los bosques tropicales lluviosos se localizan entre el Trópico de Capricornio (latitud 23.5°S) y el Trópico de

Cáncer (latitud 23.5°N). La temperatura en la mayoría de los bosques lluviosos varía poco durante el año, con un promedio entre 21° y 29°C (70° y 85°F). Estas temperaturas templadas y una lluvia de más de 200 cm (80 pulg) al año hacen que los bosques lluviosos sean muy húmedos. Este ambiente templado y húmedo da lugar a muchos tipos diferentes de plantas y animales.

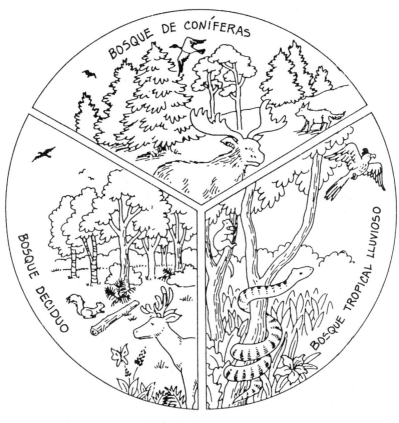

BIOMAS DE BOSQUE

La vida en los distintos bosques varía debido a las diferencias de clima, pero todos los bosques son similares en el sentido de que hay varias comunidades en cada uno. Los bosques están compuestos de diferentes capas, cuyo número depende del clima, del suelo, de su edad y otros aspectos, como si los árboles se talan para obtener madera. A continuación se hace una descripción breve de las seis capas básicas del bosque:

1. **Capa emergente:** la forman las copas de los árboles más altos, las cuales pueden estar 10 m (30 pies) o más arriba de los demás árboles del bosque. Debido a que estos árboles salen por arriba de los otros, suelen resistir temperaturas cambiantes y vientos fuertes.

2. **Capa del dosel:** ésta es el techo del bosque. Es una red de ramas y hojas que forma una cubierta que bloquea parte de la luz solar a las plantas inferiores.

3. **Capa bajo el dosel:** debajo de la capa del dosel hay árboles más bajos. Muchos de estos árboles están adaptados para crecer en la sombra y no crecen mucho, pero algunos ocupan el lugar de árboles más grandes que han muerto y se han caído. Los árboles caídos proporcionan una abertura para que pase la luz solar, así como un espacio en el cual puede crecer otro árbol.

4. **Capa de arbustos:** debajo de la capa bajo el dosel están los arbustos. Los arbustos son más bajos que los árboles y en general tienen muchos tallos en lugar de una rama principal.

5. **Capa de hierbas:** las plantas que crecen cerca del suelo, como flores, pastos, helechos y retoños, forman esta capa.

6. **Capa del suelo:** ésta es la capa del piso del bosque. Está formada por líquenes y musgos, los cuales crecen en los restos de árboles, ramas y hojas caídos.

Cada capa del bosque tiene su propia comunidad especial de plantas y animales. Los animales del bosque construyen sus casas, se alimentan y realizan la mayoría de sus actividades principalmente en una o dos capas del bosque. Cada especie animal encuentra lo que necesita para sobrevivir en una capa en especial. Muchos animales del suelo nunca sobrepasan el nivel de éste y aunque las aves de la capa emergente pueden descender a la capa del suelo del bosque por alimento, en general lo llevan de regreso a sus nidos en la capa emergente.

Ejercicios

1. Observa el dibujo en la página siguiente e identifica el área donde viven estos organismos del bosque.

   a. Las águilas arpías construyen nidos en los árboles más altos, desde los cuales observan vigilantes en busca de animales de los que se alimentan.

   b. Las termitas (insectos que comen madera) se encuentran en árboles muertos.

2. Las epífitas son plantas que crecen sobre otras plantas sin causarles ningún daño. Necesitan luz solar y reciben alimento de la lluvia y el aire. Observa el dibujo e identifica el área donde es menos probable que haya epífitas.

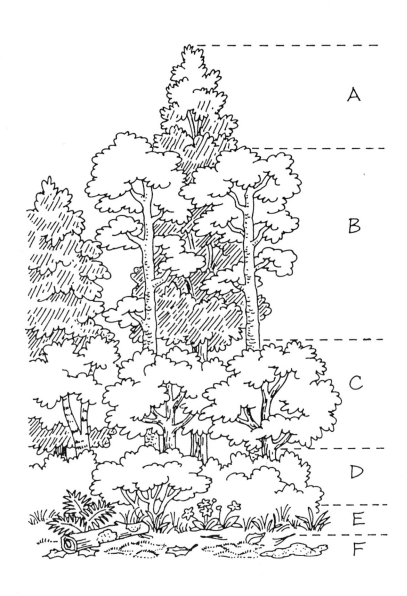

A

B

C

D

E

F

Actividad: PLANEADOR

Objetivo   Hacer un modelo de una ardilla voladora.

101

Materiales *crayón café*
hoja de papel
bolígrafo (pluma)
clip grande

Procedimiento

■ Colorea de café un lado del papel.
■ Coloca el papel sobre una mesa, con el lado café hacia arriba.
■ Dobla el papel a la mitad, a lo largo, dos veces.
■ Desdobla el papel sobre una mesa, con el lado blanco hacia arriba. Marca los pliegues con las letras A, B y C.

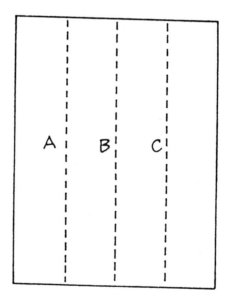

■ Dobla el papel de modo que las esquinas superiores coincidan en la línea B del centro. La punta al final de la línea B se llamará punto D.

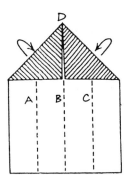

■ Voltea el papel y vuelve a doblarlo a lo largo de la línea B. Coloca el papel sobre la mesa de modo que el pliegue B esté a la derecha.

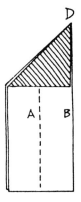

■ Dobla el punto D de modo que coincida con la línea A.

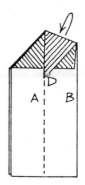

■ Vuelve a doblar sólo la cara superior del papel a lo largo de la línea A. Con el bolígrafo, dibuja una ardilla voladora sobre el papel, como se indica.

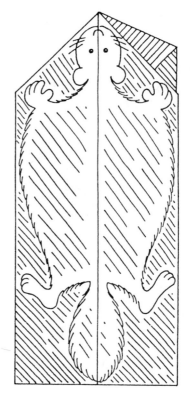

■ Coloca el clip en el lado inferior, como se muestra.

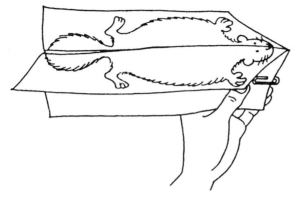

Resultados El papel planea por el aire.

¿Por qué? Conforme el papel se desplaza, el aire que fluye sobre las alas estiradas levanta el papel, lo que permite que planee. Las ardillas voladoras, como el modelo de papel, planean en vez de volar. Tienen aletas de piel especiales que se extienden desde sus patas delanteras hasta sus patas traseras. Cuando la ardilla brinca de una rama a otra, la piel se estira, como vela de barco, para ayudarle a planear. Las ardillas voladoras se encuentran en los bosques de Norteamérica, Europa, Asia y África.

Solución a los ejercicios

1a. ¡*Piensa!*

- Los árboles más altos están en la capa emergente.

  Las águilas arpías viven en la capa A.

b. ¡*Piensa!*

- La mayoría de los árboles muertos se encuentran en el suelo del bosque.

  Las termitas se encuentran más probablemente en la capa F.

2. ¡Piensa!

- Las epífitas no crecen en el suelo.
- Las epífitas necesitan luz. ¿Cuál capa tiene la menor cantidad de luz solar?

  Las epífitas se encuentran menos probablemente en la capa F.

13

Praderas

Plantas y animales en biomas de praderas

Lo que necesitas saber

Las praderas, un bioma importante de la Tierra, son **semiáridas**, lo que significa que el clima es seco, pero no tan seco como en un desierto. Las praderas reciben de 25 a 50 cm (10 a 20 pulg) de lluvia al año. Este clima es demasiado seco para que crezcan la mayoría de los árboles, pero aquí viven bien pastos o plantas similares a éstos. Los pocos árboles y arbustos que viven en las praderas están generalmente a lo largo de arroyos o en áreas bajas donde hay más humedad.

Las praderas son planas en su mayoría, con algunas áreas onduladas. Existen en la zona tropical y en las zonas templadas norte y sur. La **zona tropical** es la región entre las latitudes 23.5°N y 23.5°S. La **zona templada septentrional** es la región entre las latitudes 23.5°N y 66.5°N. La **zona templada meridional** es la región entre las latitudes 23.5°S y 66.5°S. Las praderas templadas tienen estaciones cálidas y frías distinguibles. Los inviernos son muy fríos y los veranos son calurosos y secos. Las praderas tropicales tienen temperaturas altas todo el año y una larga temporada seca en el verano. A causa de la sequedad de todas las praderas, hay incendios periódicos que se diseminan con frecuencia a través de ellas y que eliminan temporalmente arbustos y árboles del área.

Los pastos sobreviven al calor y crecen de nuevo, debido a que una gran cantidad de las partes de crecimiento de los pastos está bajo el suelo.

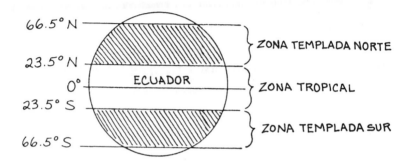

Las praderas en toda la Tierra mantienen a una gran variedad de vida salvaje, incluidos muchos animales ungulados que pastan, como ñúes, gacelas, impalas, cebras y antílopes. Estos animales pisotean semillas de pastos en el piso y fertilizan el suelo con sus excrementos, lo que ayuda a crecer al pasto. Los animales que hacen madrigueras, como ardillas terrestres y los roedores, viven bajo tierra, donde están a salvo del ataque de los depredadores y de los incendios. Sus madrigueras también ayudan a romper y a mezclar el suelo, lo que ayuda a que el suelo absorba agua y así, a que crezcan los pastos y otras plantas. Además de estos herbívoros, una gran variedad de carnívoros vive en las praderas.

Todos los organismos de las praderas están adaptados a distintas estaciones húmedas y secas, incluso a **sequías** prolongadas (periodos largos de poca lluvia y escasa). Algunas de las plantas entran en estado latente en la época seca y reanudan su crecimiento cuando llueve. Algunas tienen raíces largas que pueden encontrar agua a mayores profundidades. Casi todos los animales emigran para encontrar alimento y agua durante los periodos secos y regresan con las lluvias que devuelven la vida a la tierra.

Caja de herramientas del ecólogo:
Guía para animales que comen pasto

Materiales   *regla*
   tijeras
   hoja de papel
   bolígrafo (pluma)

Procedimiento

■ Mide el cuadro de la página siguiente de los Animales que comen pasto de la pradera tropical, luego corta un pedazo de papel que tenga la misma longitud pero el doble de ancho que este cuadro.

■ Dobla el papel a la mitad a lo largo.

■ Desdobla el papel, luego dóblalo a la mitad a lo ancho (de arriba a abajo) dos veces.

■ Desdobla el papel, después usa la regla y el bolígrafo para dibujar una línea en el papel a lo largo de cada uno de los tres dobleces hechos en el paso anterior. Traza líneas punteadas en el lado izquierdo del doblez central longitudinal y líneas continuas en el lado derecho de este doblez.

ANIMALES QUE
COMEN PASTO
DE LA PRADERA
TROPICAL

CEBRA

ÑÚ

GACELA DE THOMSON

■ Agrega el letrero "Guía para animales que comen pasto", numera las tres secciones arriba de este letrero y
dibuja una planta de pasto a la derecha del pliegue central, como se muestra.

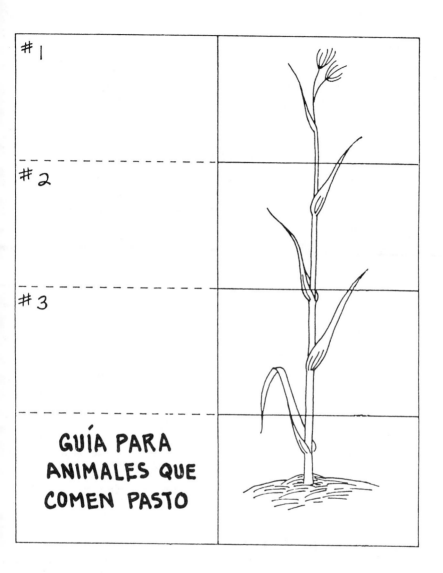

#1

#2

#3

GUÍA PARA
ANIMALES QUE
COMEN PASTO

■ Corta a lo largo de las líneas punteadas, de modo que
cada sección numerada quede como una aleta.

Ejercicio

A las praderas tropicales de África Oriental se les denomina sabana. Debido a que los animales que pastan aquí se alimentan de diferentes partes de las plantas de pastos, en general hay suficiente para todos, excepto en la temporada seca, cuando los animales deben moverse constantemente para hallar alimento y agua.

Usa tu Guía para animales que comen pasto para relacionar la parte del pasto con el animal que se la come. Coloca la guía sobre el cuadro de Animales que comen pasto de la pradera tropical. Levanta cada aleta numerada y dóblala sobre la planta. Cuando sepas qué parte de la planta come cada animal, escribe su nombre en la columna Animal, de la tabla "Comida para todos".

Comida para todos		
Ventana número	Parte del pasto	Animal
1	superior	
2	media	
3	inferior	

Actividad: CORTADORES

Objetivo Determinar por qué el pasto sobrevive aun cuando los animales lo cortan.

Materiales *tierra para maceta*
vaso de cartón de 210 ml (7 onzas)
pala

trozo de pasto

lápiz

plato

agua

regla

marcador

Procedimiento

■ Deposita la tierra en el vaso.

■ Pide permiso y usa la pala para sacar un trozo de pasto que quepa en el vaso. Escoge un trozo que tenga por lo menos tres tallos y asegúrate de sacar tantas raíces del pasto como sea posible.

■ Planta el pasto en la tierra del vaso.

■ Usa el lápiz para hacer tres o cuatro agujeros a un lado del vaso, alrededor de la orilla de la base.

■ Coloca el vaso sobre el plato.

■ Humedece la tierra con agua y mantén húmeda la tierra, pero no empapada, durante el experimento.

■ Usa el dibujo para localizar los **nudos** (donde crecen las hojas de un tallo) en cada tallo del pasto.

■ Usa la regla y el marcador para marcar tres secciones iguales en uno de los tallos entre dos nudos, en la parte superior del tallo.

■ Repite el paso anterior para los otros dos tallos, marcando el segundo y el tercer par de nudos más altos, respectivamente.

■ Coloca la planta en un área donde reciba luz solar todo el día o la mayor parte de él.

■ Después de 7 días, mide la distancia entre las marcas de los tallos.

Resultados La distancia entre el nudo inferior y la primera marca arriba de este nudo aumenta lo máximo en todos los tallos. Cualquier aumento en la distancia entre las
demás marcas es pequeño o nulo, conforme las marcas
se acercan al nudo superior.

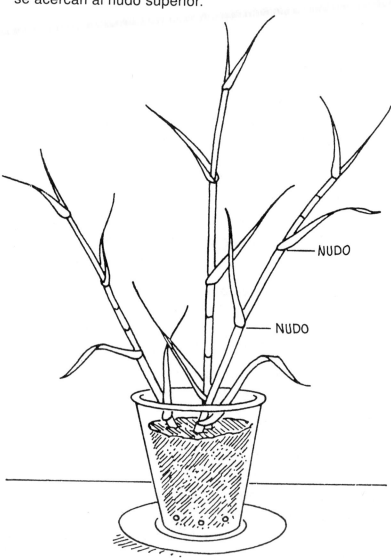

NUDO

NUDO

¿Por qué? Los pastos crecen arriba de cada nudo a lo largo del tallo, no a partir de las puntas, como lo hacen otras plantas. Aun con la pérdida de porciones grandes de tallo, las zonas inferiores continúan creciendo. Este tipo de crecimiento permite que el pasto sobreviva al corte de los animales.

Solución al ejercicio

¡Piensa!

- Debajo de la aleta 1 hay una cebra.

  Las cebras comen la parte superior de los tallos de los pastos.

¡Piensa!

- Debajo de la aleta 2 hay un ñú.

  Los ñúes comen la parte media de los tallos de los pastos.

¡Piensa!

- Debajo de la aleta 3 hay una gacela de Thomson.

  Las gacelas de Thomson comen la parte inferior de los tallos de los pastos.

14

Sitio caluroso

Plantas y animales en biomas de desierto

Lo que necesitas saber

En general, se piensa que un desierto es muy caliente, seco y que no tiene vida. Aunque los desiertos son los sitios más secos sobre la Tierra, no todos son calientes. Algunos desiertos, como el Desierto de Gobi, en Mongolia, y el Desierto de la Gran Cuenca, en Estados Unidos, están cubiertos de nieve durante una parte del año. Los desiertos se agrupan en dos tipos, según la temperatura: **desiertos fríos** (desiertos con temperaturas diurnas menores a la temperatura de congelación durante una parte del año) y **desiertos cálidos** (desiertos con temperaturas diurnas altas durante la mayor parte del año).

Los desiertos pierden más agua mediante evaporación que la que obtienen por precipitación. Un área es considerada un desierto si recibe menos de 25 cm (10 pulgadas) de precipitación al año. La mayoría tienen menos de 10 cm (4 pulg) de precipitación al año. Las capas de hielo polar son ejemplos de desiertos fríos que a menudo reciben menos de 5 cm (2 pulg) de precipitación al año.

No sólo hay escasez de precipitación en un desierto, tampoco la precipitación cae de manera uniforme durante el año. En algunos desiertos puede no llover en todo el año y luego una tormenta violenta puede descargar 12.5 cm (5 pulgadas) de lluvia o más en un instante. La mayor parte de esta agua se escurre o se evapora antes de que las plantas y animales tengan oportunidad de usarla. Las áreas que pueden recibir más de 25 cm (10 pulgadas) de lluvia por año, pero donde el índice de evaporación durante el año es mayor que la cantidad anual de lluvia, también se consideran desiertos. El índice de evaporación aumenta con las temperaturas altas y los vientos fuertes.

La idea de que todos los desiertos son tierras sin provecho y sin vida está lejos de la realidad. Algunas áreas desérticas tienen más variedades de plantas y animales que las zonas más húmedas. Estos organismos tienen adaptaciones especiales que les permiten almacenar agua u obtenerla de su alimento. Muchas plantas son **efímeras** (organismos que tienen un ciclo de vida corto). Las plantas efímeras crecen y producen semillas durante una temporada lluviosa corta o durante el corto verano en los desiertos fríos, cuando el hielo y la nieve se funden. En los desiertos cálidos, las hojas y los tallos de muchas plantas desérticas tienen una cubierta gruesa, parecida a la cera que evita la pérdida de agua.

Todas las plantas pierden agua a través de los poros diminutos que tienen en la superficie de sus hojas y que se llaman **estomas**. Los estomas pueden abrirse y cerrarse para absorber y liberar vapor de agua. Muchas plantas desérticas tiene pocos estomas y algunas sólo los abren cuando se evapora menos agua, es decir, después de que el sol se pone y la temperatura disminuye. Algunas plantas desérticas tienen pocas hojas o no tienen ninguna. Las hojas de las plantas desérticas pueden enrollarse o girar en una dirección lejos del sol durante el calor del día para reducir la superficie de la hoja que se expone al sol.

Los animales desérticos obtienen agua de diversas maneras. Los animales pequeños la obtienen del alimen-

to que comen. Por ejemplo, la rata "empacadora" come **plantas suculentas** (plantas que tienen hojas o tallos gruesos y carnosos para almacenar agua), como los cactos. Los animales más grandes obtienen parte del agua que necesitan de los alimentos, pero muchos deben vagar constantemente en busca de un agujero con agua del cual beber. Ciertos animales tienen un **letargo estival** (pasan el verano en una condición parecida al sueño, de inactividad parcial o total) hasta que llueve. La estivación no debe confundirse con la hibernación, que es una condición similar, parecida al sueño, que presentan algunos animales durante el invierno.

En los desiertos cálidos, muchos animales se mantienen frescos ocultándose del sol durante el día y buscando alimento durante la noche. Encuentran sitios más frescos y sombreados debajo de rocas, árboles y arbustos y algunos excavan túneles debajo del suelo. Ciertas adaptaciones también mantienen más frescos a los animales, como las orejas muy grandes de liebres y zorros. En estos animales, el aire que fluye sobre las orejas enfría la sangre de los vasos sanguíneos cercanos a la superficie de la piel de éstas. Esta sangre enfriada se lleva luego al resto del organismo.

Ejercicios

1. Usa la gráfica de barras para determinar lo siguiente:

a. ¿Cuántas regiones son consideradas un desierto?

b. ¿Cuál es la región más seca?

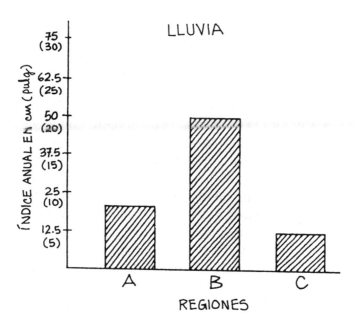

LLUVIA

ÍNDICE ANUAL EN cm (pulg.)

REGIONES

2. Usa la siguiente gráfica de barras para determinar cuál área es considerada un desierto.

PRECIPITACIÓN Y EVAPORACIÓN

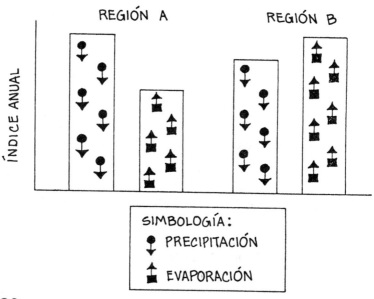

REGIÓN A

REGIÓN B

ÍNDICE ANUAL

SIMBOLOGÍA:
  PRECIPITACIÓN
  EVAPORACIÓN

120

Actividad: PIEL EXPANSIBLE

Objetivo Demostrar cómo algunas plantas de cactos almacenan agua.

Materiales *hoja de papel*
bolsa de plástico de 4 litros (1 galón) para alimentos (como una bolsa para frutas y legumbres)
cinta adhesiva transparente

Procedimiento

- Pliega el papel como un abanico, empezando en un extremo corto. Cada doblez debe tener 1.3 cm (1/2 pulg) de ancho.
- Dobla la bolsa de plástico en tres.
- Coloca la bolsa doblada arriba del papel doblado, con el fondo de la bolsa paralelo a la orilla del papel. Pega el fondo de la bolsa a la orilla del papel.

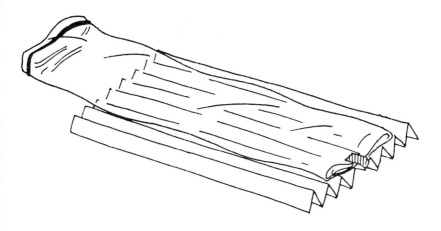

- Enrolla el papel de modo que forme un cilindro alrededor de la bolsa. Asegura la orillas del papel con cinta adhesiva.

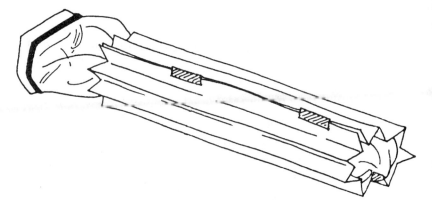

■ Levanta el cilindro de papel sobre una mesa, con el extremo abierto de la bolsa de plástico hacia arriba.

■ Observa el tamaño del cilindro de papel.

■ Abre el extremo superior de la bolsa. Sopla dentro de la bolsa mientras la sostienes con tu mano.

■ Mantén el aire dentro de la bolsa apretando y cerrando el extremo superior con tu mano.

■ Observa de nuevo el tamaño del cilindro de papel.

■ Suelta la bolsa, luego usa tus manos para apretar suavemente los pliegues de papel de nuevo en su lugar.

■ Observa otra vez el tamaño del cilindro.

Resultados El cilindro aumenta de tamaño cuando la bolsa en su interior se llena de aire. Al comprimir el cilindro, éste recupera su forma plegada más pequeña.

¿Por qué? Al agregar aire a la bolsa, ésta aumenta de tamaño. Conforme esto ocurre, la bolsa empuja hacia afuera al cilindro de papel. Esta presión hacia afuera hace que los pliegues del papel se desdoblen y que el cilindro aumente de tamaño. Conforme los pliegues se desdoblan, la forma del cilindro cambia, pues la superficie se torna más lisa.

Este experimento demuestra el modo como algunos cactos, como la pitahaya, retienen agua extra. Las pitahayas crecen muy alto y tienen troncos que están plegados como el papel. Una planta de 6 m (20 pies) puede almacenar más de 380 litros (100 galones) de agua. Esta agua empuja hacia afuera, lo que causa que la superficie plegada de la pitahaya se estire. Los cactos pueden aumentar de tamaño hasta 20 por ciento durante la temporada lluviosa. En las temporadas sin lluvia, los cactos usan su agua almacenada y se encogen y adquieren una forma y tamaño menores. Los cactos se mantienen con vida durante largas sequías por su capacidad para almacenar agua.

Solución a los ejercicios

1a. ¡Piensa!

• Un desierto es una región que recibe menos de 25 cm (10 pulg) de lluvia en un año.

- ¿Cuántas barras son más cortas que la marca de 25 cm (10 pulg)?

  Hay dos regiones de desierto, A y C.

b. ¡Piensa!

- ¿Cuál es la barra más corta?

  La región C es la más seca.

2. ¡Piensa!

- Cuando el índice anual de evaporación es mayor que la precipitación anual, un área es considerada un desierto.
- ¿Cuál barra de índice de evaporación de una región es más alta que su barra de índice de precipitación?

  La región B es un desierto.

15

Tierras altas

Plantas y animales en biomas de montañas

Lo que necesitas saber

Entre más alto subes en una montaña, el clima se vuelve más frío. Esto es porque la cantidad de materiales en la atmósfera que reflejan y absorben la energía del sol, como polvo y vapor de agua, disminuye con la altura. Esto da como resultado una disminución general de la temperatura.

El tipo de crecimiento vegetal cambia desde las faldas hasta la cima de la montaña debido a los cambios climáticos. Esto significa que las montañas tienen diferentes zonas climáticas, cada una con sus propios animales y plantas típicos. Es posible tener muchos ecosistemas en la misma montaña, desde un desierto en las lomas más bajas, hasta bosque, pradera, tundra y roca desnuda y nieve conforme avanzas hacia la cima.

Muchas montañas tienen una línea arbórea y una línea de nieve. La **línea arbórea** es la altura arriba de la cual el clima es demasiado frío para que los árboles crezcan. La **línea de nieve** es la altura arriba de la cual la nieve permanece todo el año. La **elevación** (altura sobre el nivel del mar) de las líneas arbórea y de nieve de una montaña depende de qué tan cerca del ecuador esté la montaña. Las dos están más alto conforme la montaña está más cerca del ecuador, debido a que el clima en general es más cálido cerca del ecuador.

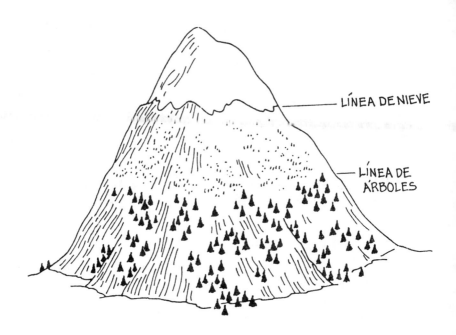

LÍNEA DE NIEVE

LÍNEA DE ÁRBOLES

La vida silvestre de la montaña también es diferente en las lomas más bajas y en la cima. Los animales del desierto, el bosque, la pradera y la tundra de una montaña tienen características similares a las de los animales del mismo tipo de bioma en elevaciones más bajas de la Tierra.

Pero algunos animales de montaña también tienen características de adaptación especiales. Un ejemplo es la cabra del Tibet que tiene patas fuertes y pezuñas grandes para escalar pendientes empinadas. Los animales con **pezuñas hendidas** (pezuñas partidas), como las cabras y las ovejas de montaña, pueden mantener mejor el equilibrio en la ladera de una montaña porque sus pezuñas hendidas se mueven independientemente y se ajustan a la superficie irregular de la ladera.

En las lomas altas, parte de la vida silvestre debe soportar temperaturas bajas. Los abrigos de piel gruesos

126

y las capas de grasa son dos maneras en las que se mantienen calientes los animales que viven en lo alto de las montañas. Además de hacer frío, el aire a grandes alturas contiene menos oxígeno. Muchos animales que respiran este aire delgado tienen corazones y pulmones más grandes que el promedio. Estos órganos más grandes les ayudan a obtener la cantidad necesaria de oxígeno a partir del aire delgado.

El estudio de las plantas y de la vida silvestre de una montaña puede ser tan variado como estudiar las plantas y la vida silvestre de todo el planeta, desde el ecuador hasta los polos.

Ejercicios

1. Observa los dibujos de las zonas de montaña para identificar lo siguiente:

a. La montaña más alejada del ecuador.

b. El Monte Kenia, la montaña más cercana al ecuador.

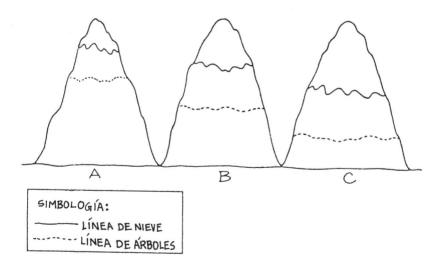

SIMBOLOGÍA:

——— LÍNEA DE NIEVE

- - - - - - - LÍNEA DE ÁRBOLES

2. Observa las gráficas de barras para determinar qué montaña muestra correctamente la relación entre el contenido de oxígeno del aire y la elevación.

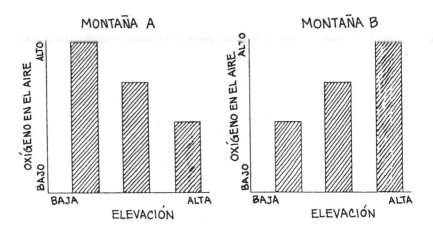

Actividad: AMORTIGUADORES

Objetivo Determinar por qué las cabras de montaña son capaces de desplazarse con seguridad en pendientes rocosas.

Materiales *calcetín de niño*
taza (250 ml) de arroz crudo
vaso de plástico de 270 ml
(9 onzas), con fondo plano
hoja de papel
bolígrafo (pluma)

Procedimiento

■ Llena el calcetín con suficiente arroz, de modo que el calcetín quepa dentro del vaso.
■ Ata un nudo en el extremo superior del calcetín.
■ Deposita el calcetín en el vaso.

128

■ Coloca el vaso en el centro del papel sobre una superficie plana, como una mesa. Con el bolígrafo, dibuja el borde del fondo del vaso sobre el papel.

■ Levanta el vaso unos 15 cm (6 pulg) arriba del círculo dibujado en el papel. Haz un esfuerzo por colocar el vaso arriba del papel de modo que caiga derecho y sobre el círculo cuando lo sueltes.

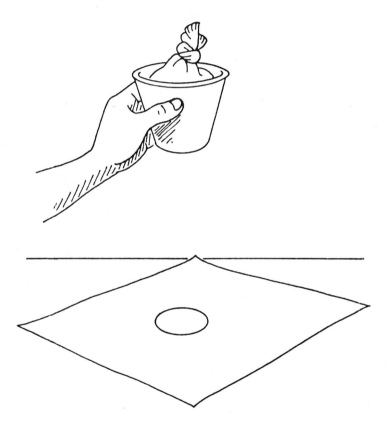

■ Deja caer el vaso.

■ Observa dónde cae el vaso y anota cualquier movimiento que haga después de caer.

■ Repite los 3 pasos anteriores unas cuatro veces.

■ Saca el calcetín del vaso.

■ Sostén el calcetín unos 15 cm (6 pulgadas) arriba del círculo. Haz un esfuerzo por colocar el calcetín de modo que caiga derecho y sobre el círculo cuando lo sueltes.

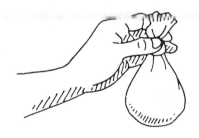

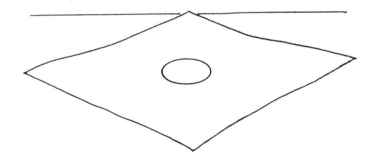

■ Deja caer el calcetín.

■ Observa dónde cae el calcetín y anota cualquier movimiento que haga después de caer.

■ Repite los 3 pasos anteriores unas cuatro veces.

Resultados Cuando el calcetín está en el vaso, cae en el círculo, pero el vaso generalmente rebota al caer y se voltea, o bien se mueve un poco fuera del círculo. El calcetín solo, siempre cae en el círculo y no rebota.

130

¿Por qué? La tercera ley del movimiento de Newton establece que para cada acción hay una reacción igual, pero opuesta. Esto significa que el papel y la mesa empujan hacia arriba al vaso y al calcetín con la misma fuerza con la que el vaso y el calcetín empujan hacia abajo al papel y la mesa. Este empuje hacia arriba hace que el vaso rebote. La mesa y el papel también empujan hacia arriba al calcetín solo, pero el calcetín no rebota porque, a diferencia del vaso, su superficie es blanda y flexible.

La flexibilidad permite que partes del calcetín se muevan hacia arriba y hacia abajo sin que se mueva todo el calcetín. Este movimiento independiente permite que el calcetín amortigüe el choque de la caída y no rebote. Las almohadillas blandas en el centro de las pezuñas duras de una cabra, como el calcetín, actúan también como amortiguadores. Cuando una cabra camina o brinca de una roca a la siguiente, cualquier rebote lo amortiguan las almohadillas blandas y flexibles.

Solución a los ejercicios

1a. ¡Piensa!

- La montaña más alejada del ecuador tiene las líneas arbórea y de nieve más bajas.

La montaña C es la más lejana al ecuador.

b. ¡Piensa!

- La montaña más cercana al ecuador tiene las líneas arbórea y de nieve más altas.

La montaña A es la más cercana al ecuador.

2. ¡Piensa!

- El contenido de oxígeno del aire disminuye con la elevación.

¿Cuál gráfica de barras muestra la barra más corta (contenido de oxígeno) en el lado derecho de la gráfica (elevación mayor)?

La montaña A muestra correctamente la relación entre el contenido de oxígeno del aire y la elevación.

16

Hogar acuoso

Plantas y animales en ecosistemas del océano

Lo que necesitas saber

Cerca de tres cuartas partes de la Tierra están cubiertas por agua. Los cuerpos de agua más grandes se denominan **océanos**. Éstos no son en realidad cuerpos de agua separados, sino un gran océano, lo que hace que el océano sea el ecosistema más grande del planeta.

A las plantas y animales del océano se les llama **vida marina**. Se les puede dividir en tres grupos, según la profundidad a la que se encuentran:

1. **Bentos:** este grupo incluye a animales como las almejas y a plantas como el fuco que viven en el fondo del océano, sin importar la profundidad del agua. La mayoría de las plantas vive en aguas poco profundas.

2. **Necton:** estos son animales, como los peces y las ballenas que se mueven de manera independiente de las corrientes de agua, entre el fondo y la superficie del océano.

3. **Plancton:** estos organismos pequeños y hasta microscópicos, viven cerca de la superficie del océano y son transportados por las corrientes. Al plancton

animal se le llama **zooplancton** y al plancton vegetal, **fitoplancton.**

La profundidad del océano varía, siendo la mayor profundidad la de la Fosa de las Islas Marianas, en el Océano Pacífico, al sur de Guam, que mide aproximadamente 10.9 km (36000 pies). Cerca del 90 por ciento de toda la vida marina existe en los 150 m (488 pies) superiores del océano, donde las aguas son templadas y penetra la luz solar. A esta zona del océano se le llama **zona de luz solar.**

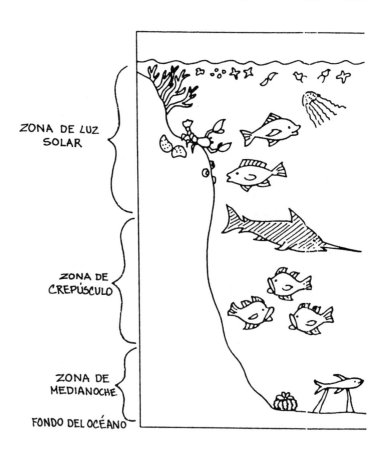

ZONA DE LUZ SOLAR

ZONA DE CREPÚSCULO

ZONA DE MEDIANOCHE

FONDO DEL OCÉANO

Hay diferentes tipos de animales en distintas profundidades de esta zona. Algunos se desplazan hacia arriba y hacia abajo en la zona. Por ejemplo, algunos peces permanecen muy por debajo de la superficie durante el día con luz brillante y suben en la noche para alimentarse.

Un área más profunda, más fría y con menos luz, llamada **zona de crepúsculo,** se extiende desde el fondo de la zona de luz solar hacia abajo hasta unos 900 m (3000 pies). Las plantas no crecen en esta capa sombría. Los animales de esta área son menos numerosos que los que viven en la capa templada y soleada arriba de ellos. Du-

rante la noche, algunos de los peces de esta zona nadan hacia arriba, a la zona de luz solar, para alimentarse, pero otros cazan a otros peces en su propia área o comen materia muerta que cae y es arrastrada hacia abajo por las corrientes desde la zona de luz solar.

La zona del fondo del océano, denominada **zona de medianoche**, es fría y carece de luz. Se extiende desde unos 900 m (3000 pies) de profundidad hasta el piso del océano. Sólo cerca del 1 por ciento de la vida marina sobrevive debajo de los 900 m (3000 pies) y se alimenta principalmente de los cadáveres que caen de los organismos que viven en los niveles superiores.

Los hábitats para la vida marina varían desde la orilla del agua en el borde de la playa hasta las profundidades del océano y de una playa a la siguiente. Como en la tierra, la vida en el océano no está distribuida de manera equitativa. La mayoría de las aguas abiertas están desiertas. La mayoría de las áreas pobladas están a lo largo de las costas y en las aguas del Ártico y del Antártico.

Ejercicio

Usa sólo las letras que encuentres en el dibujo del pez de la página siguiente y ve cuántas palabras relacionadas con el océano puedes formar. Aquí hay algunas claves para que empieces:

- Cada espacio en blanco es para una de las letras que están en las escamas del pez.

- Las letras que se proporcionan para cada palabra dan claves para las letras faltantes (¡cada letra puede usarse más de una vez!).

- Escribe las letras que faltan para descubrir las palabras relacionadas con el océano, las cuales se han usado en este capítulo.

1. a — — a
2. p — z
3. p — a — c — — —
4. b — n — o —

5. ma — — — o
6. — uc —
7. — — c — o —
8. b — ll — — —

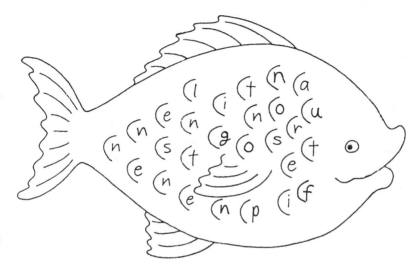

Actividad: BOSQUE SUBMARINO

Objetivo   Construir un modelo de fuco.

Materiales   *tijeras*
*botella de plástico vacía, de refresco de 2 litros
(2 qt)*
regla
papel aluminio
limpiapipas
*2 corchos para pescar, redondos, de
plástico, de 2.5 cm (1 pulg) de diámetro,
con clips tipo resorte*
piedra
agua
ayudante adulto

137

Procedimiento

- Pídele a un adulto que corte la parte superior de la botella de refresco para tener un recipiente abierto de unos 20 cm (8 pulg) de altura.
- Corta una tira de papel aluminio de 20 por 15 cm (8 x 6 pulg).
- Dobla la tira de aluminio a lo largo, por la mitad, cuatro veces.
- Enrolla unos 5 cm (2 pulg) de un extremo de la tira de aluminio alrededor del centro del limpiapipas.
- Engancha el extremo de un corcho a la tira de papel aluminio 5 cm (2 pulg) arriba del limpiapipas.
- Engancha el extremo del segundo corcho 5 cm (2 pulg) arriba del primer corcho.

TRIÁNGULO DE PAPEL ALUMINIO

CORCHO PARA PESCAR

TIRA DE PAPEL ALUMINIO

LIMPIAPIPAS

PIEDRA

- Corta dos triángulos largos de papel aluminio, cada uno con una base de 2.5 cm (1 pulg) y con lados de 15 cm (6 pulg).
- Engancha la parte superior de cada corcho a la base de uno de los triángulos de papel aluminio.
- Enrolla el limpiapipas alrededor de la piedra.
- Llena con agua unos tres cuartos de la botella de refresco.
- Baja con cuidado la piedra y los accesorios en el agua.

Resultados Los corchos flotan a diferentes profundidades junto con los triángulos de papel aluminio unidos.

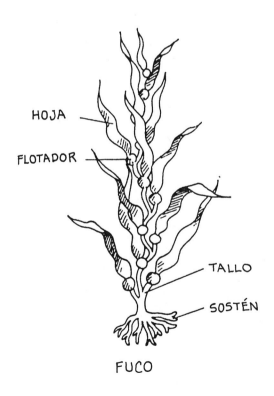

HOJA

FLOTADOR

TALLO

SOSTÉN

FUCO

¿Por qué? Los bosques submarinos de **algas** (organismos simples que parecen plantas y se encuentran en el agua o en superficies húmedas) pardas altas, llamadas **fuco**, crecen en aguas costeras templadas. Estos filamentos gruesos de fuco proporcionan espacios para que vivan cientos de tipos diferentes de organismos del océano. El fuco varía en altura de 4.5 m (1.5 pies) a 60 m (198 pies).

La mayoría de los fucos presentan por lo menos cuatro partes distinguibles: el sostén (representado por el limpiapipas), el cauloide (la tira de aluminio), el flotador (el corcho) y el filoide (el triángulo de aluminio). El sostén es una estructura semejante a una raíz que se adhiere a rocas y otras superficies duras en el piso del océano, lo que impide que el fuco flote hacia la superficie. El cauloide es una estructura similar a un tallo, a la cual se unen los filoides.

El flotador es una estructura llena de aire en la base de cada filoide que levanta al fuco para que se mantenga erguido. El filoide es una estructura semejante a una hoja, donde ocurre la fotosíntesis.

Solución al ejercicio

¡Piensa!

Las palabras son:

1. agua	5. marino
2. pez	6. fuco
3. plancton	7. necton
4. bentos	8. ballena

17

Problemas de agua

Los problemas de la contaminación del agua y cómo resolverlos

Lo que necesitas saber

El agua es uno de los recursos más valiosos de la Tierra. Un suministro adecuado de agua limpia es necesario para que sobrevivas, así como para que sobrevivan plantas y animales. La gente con frecuencia usa más agua de la que realmente necesita. Cada día, un estadunidense promedio usa cerca de 500 litros (125 galones) de agua para beber, cocinar, lavar y en la taza del baño. Los campesinos y la industria usan otros 7200 litros (1800 galones) por persona para regar los cultivos con los que te alimentas y para fabricar los productos que usas.

Cuando usas la taza del baño, te bañas, cepillas tus dientes, lavas tu ropa o enjuagas algo en el drenaje, el agua va a plantas de tratamiento de aguas fecales para limpiarla. Aquí se eliminan **contaminantes** (sustancias que destruyen la pureza del agua, la tierra y el aire), como los desechos de alimentos y basura. Después se trata al agua para destruir bacterias dañinas antes de ser liberada en las vías fluviales. Sin embargo, no todos los contaminantes se eliminan de esta agua.

La lluvia limpia el aceite, el tizne, los compuestos químicos y la basura de las calles de la ciudad. Esta agua sucia fluye generalmente hacia el drenaje subterráneo y al final desemboca, sin tratar en las vías fluviales. La lluvia también arrastra los fertilizantes químicos, que se añaden al suelo, hacia las vías fluviales. En algunos países, las leyes controlan el tipo de materiales que las fábricas

pueden verter en las vías fluviales. No obstante, incluso con los reglamentos, ciertos desperdicios de las fábricas aún se vierten, ya sea de manera accidental o intencional, a las vías fluviales. Los contaminantes que llegan a las vías fluviales ponen en peligro a las plantas y animales que viven en el agua o cerca de ella.

Algunos desperdicios químicos que se vierten en los cuerpos de agua proporcionan nutrimentos que favorecen el crecimiento excesivo de las algas. Cuando mueren las algas, los organismos en descomposición toman oxígeno del agua, lo que causa la muerte de otros organismos, como los peces.

¿Qué puedes hacer tú? Un individuo sólo podría hacer un pequeño cambio, pero hay muchos millones de personas que viven en la Tierra. Multiplica un pequeño cambio por varios millones y ocurrirán grandes cambios. Comienza hoy haciendo una diferencia al ahorrar el agua. Recuerda, entre menos agua dejes que se vaya al drenaje, menos sustancias añades a las vías fluviales de la Tierra. Estas sugerencias te ayudarán a ti y a tu familia a ahorrar agua:

- Disminuye el agua empleada en la taza del baño. Con la ayuda de un adulto, coloca un ladrillo o una botella llena de piedras en el tanque de la taza. Estos objetos ocupan espacio y reducen la cantidad de agua necesaria para llenar el tanque.

  Nota: *Ten cuidado de no dañar el mecanismo de funcionamiento del tanque.*

- Báñate rápido en la regadera en vez de bañarte en tina. En general, la cantidad de agua necesaria para un baño rápido es aproximadamente la mitad de la que se necesita para llenar una tina de baño.

- No dejes abierta la llave del agua mientras te cepillas los dientes.

- Cierra bien las llaves para que no goteen.

- Usa la lavavajillas sólo cuando tenga una carga completa.
- Usa la lavadora de ropa sólo cuando tenga una carga completa.

Ejercicios

1. Si se pierden 2 litros (1/2 galón) de agua cada hora de una llave que gotea, ¿cuánta agua se desperdicia en una semana?
2. Cada vez que se usa la taza del baño se derrama un promedio de 20 litros (5 galones) de agua. Si en promedio vas al baño 8 veces al día, ¿cuántos litros de agua usas en una semana?

Actividad: DILUCIÓN DE LA CONTAMINACIÓN

Objetivo Demostrar cómo el agregar sustancias al agua afecta a la contaminación.

Materiales *taza*
frasco de 1 litro (1 qt)
botella de 4 litros (1 galón) con tapa
agua
colorante rojo para alimentos
cuchara
ayudante adulto

Procedimiento

■ Llena con agua tres cuartas partes de la taza, el frasco y la botella.

144

■ Añade y mezcla 2 gotas de colorante para alimentos en el agua de la taza.

■ Vierte toda el agua de la taza, excepto una pequeña cantidad, en el frasco y agita.

■ Vierte toda el agua del frasco, excepto una pequeña cantidad, en la botella.

■ Pídele a un adulto que tape la botella y que la agite hacia adelante y hacia atrás para mezclar bien.

■ Compara el color del agua que quedó en la taza y en el frasco con el color del agua en la botella.

Resultados El agua es roja oscura en la taza, roja pálida en el frasco y de rosa pálido a incolora en la botella.

¿Por qué? El color rojo es más intenso en la taza porque las **moléculas** (las partes más pequeñas de una sustancia que tienen todas las características de esa sustancia) del colorante rojo están cerca unas de otras y reflejan más luz roja hacia tus ojos. Cuando esta agua coloreada se añade a agua limpia, las moléculas de colorante se distribuyen de manera uniforme en el agua. Cuando las molé-

145

culas de colorante se agregan al agua limpia de la botella, están tan separadas como para ser muy pálidas o invisibles debido a su pequeño tamaño.

Esto es lo que ocurre con algunos contaminantes del agua. El material puede ser visible cuando se vierte a un río, pero conforme fluye río abajo y se mezcla con más agua, ya no se le puede ver a simple vista. Esto no significa que el contaminante haya desaparecido. La vida animal y vegetal en un arroyo se ve afectada por contaminantes que están a muchos kilómetros de su origen. El grado de daño al animal depende del tipo de contaminante y de cuánta agua se haya agregado para **diluir** (disminuir la fuerza al mezclar con otro material, en general agua) el contaminante.

Solución a los ejercicios

1. ¡Piensa!

- Hay 24 horas en un día. La cantidad de agua desperdiciada cada día es 24 × 2 litros (1/2 galón) = 48 litros (12 galones)
- Hay 7 días en una semana. La cantidad de agua desperdiciada en una semana es

  7 × 48 litros (12 galones) = ?

  La llave que gotea desperdicia 336 litros (84 galones) en una semana.

2. ¡Piensa!

- La cantidad de agua usada cada día es

  8 × 20 litros (5 galones) = 160 litros (40 galones)
- Una semana tiene 7 días. La cantidad de agua necesaria para la taza del baño en 7 días es

  7 × 160 litros (40 galones) = ?

  En una semana, se usan 1120 litros (280 galones) de agua en la taza del baño.

18

Calentamiento global

¿Qué es el efecto de invernadero?

Lo que necesitas saber

La cantidad de **energía solar** (energía del sol) que llega a la Tierra se denomina **insolación.** En la página siguiente el diagrama de energía recibida muestra que de cada 340 unidades de energía dirigidas hacia la Tierra, sólo 238 unidades son absorbidas por los gases atmosféricos, las nubes y la superficie terrestre. Las 102 unidades restantes se reflejan hacia el espacio.

La temperatura de la Tierra se mantiene templada debido a la atmósfera y a los gases en ella llamados **gases de invernadero** (bióxido de carbono y vapor de agua principalmente). Estos gases atrapan calor del sol e impiden que parte de la insolación se refleje hacia el espacio. La energía solar atraviesa el vidrio y calienta el interior de un **invernadero** (una estructura, en general hecha de vidrio o de plástico claro, que proporciona un ambiente protegido y controlado para cultivar plantas en interiores). Por esta razón, al calentamiento de la Tierra se le llama **efecto de invernadero.**

El diagrama de energía liberada de la página 149 muestra 453 unidades de energía que se alejan de la Tierra. De éstas, 300 unidades de energía se reflejan hacia la Tierra por medio de las nubes y los gases de inverna-

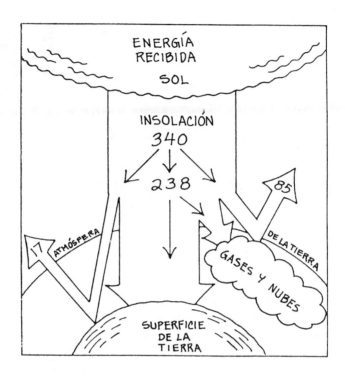

dero. Las 153 unidades restantes, combinadas con las 85 unidades que se alejan de las nubes, suman un total de 238 unidades de energía que escapan hacia el espacio. Esto significa que la cantidad de energía recibida es igual a la cantidad total de energía liberada. Mientras la energía recibida y la liberada permanezcan iguales, la temperatura promedio de la superficie de la Tierra se conservará sin cambio.

La temperatura promedio de la superficie de la Tierra depende de la cantidad de gases de invernadero que haya en la atmósfera. Un incremento de los gases resultaría en un aumento de la temperatura promedio y un decremento de los gases causaría una disminución de la temperatura.

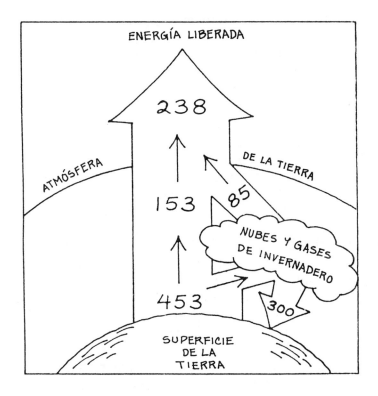

El bióxido de carbono, uno de los gases de invernadero, es responsable de gran parte del calentamiento de
la Tierra. El bióxido de carbono es un producto de la respiración, pero se produce una gran cantidad al quemar
combustibles fósiles. Un **combustible fósil** es cualquier
depósito de materiales fósiles, como petróleo, gas natural
o carbón, que se puede quemar para producir energía.
Los **fósiles** son los vestigios de los restos de animales y
plantas prehistóricos. Conforme aumenta la población de
la Tierra, se queman más combustibles fósiles, de modo
que la cantidad de bióxido de carbono producido aumenta. Muchos científicos predicen un aumento de la temperatura promedio de la Tierra si la cantidad de combustibles
fósiles quemados no se modifica.

Los árboles pueden ayudar a reducir la cantidad de bióxido de carbono del aire. Usan bióxido de carbono en la reacción de la fotosíntesis para producir alimento. La **deforestación** (la tala de árboles), así como la quema de combustibles fósiles, contribuyen al aumento de bióxido de carbono en la atmósfera. El reciclar productos de papel y plantar retoños de árboles donde se eliminaron árboles maduros, ayuda a impedir la deforestación.

Es difícil hacer predicciones precisas del efecto de un aumento de la temperatura promedio de la Tierra, pero a continuación se presentan algunas posibilidades. Un cambio importante en los patrones del clima, como más sequías o tormentas tropicales, podrían hacer que las áreas templadas se tornaran insoportablemente calientes. Otro problema podría ser que el calentamiento causara que los casquetes polares de hielo y los glaciares se derritieran, lo cual aumentaría el tamaño de los océanos y causaría la inundación de las zonas costeras. Esto afectaría a toda la red alimentaria a lo largo de las costas.

Tú puedes ayudar a reducir la amenaza del calentamiento global si reciclas los productos de papel, disminuyes el uso de combustibles fósiles y usas fuentes optativas de energía que no produzcan bióxido de carbono. Recuerda que una manera de producir electricidad es mediante la quema de combustibles fósiles. De modo que si reduces el uso de la electricidad, disminuyes el uso de combustibles fósiles. Considera esta lista de posibles formas de reducir el uso de combustibles fósiles y piensa en otros:

- Toma el autobús escolar u organiza viajes colectivos en automóvil para ir a la escuela en lugar de que te lleven en el automóvil de la familia.

- Disminuye la temperatura del calentador y usa ropa más abrigadora en invierno.

- No dejes abierta la puerta del refrigerador mientras decides qué comer o beber.

- Apaga las luces, los aparatos de sonido, los televisores y otros aparatos similares tan pronto como termines de utilizarlos.

- No uses el aire acondicionado más de lo necesario.

Ejercicios

Observa el dibujo y contesta las siguientes preguntas. Nota que la energía solar que llega se divide en diez partes iguales. Cada parte representa el 10 por ciento (10%) de la energía total.

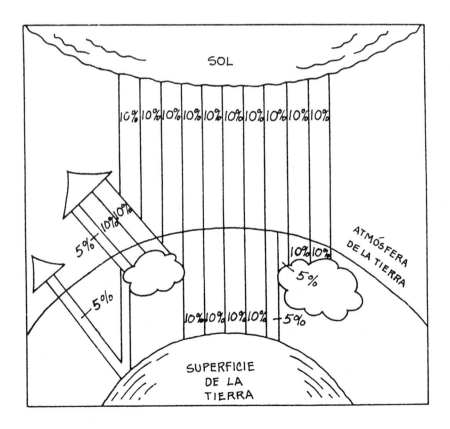

1. ¿Qué porcentaje de la energía solar es reflejado por los gases y las nubes que hay en la atmósfera terrestre?

2. ¿Qué porcentaje de la energía solar es reflejado por la superficie terrestre?

3. ¿Cuánta energía solar no es reflejada hacia el espacio?

Actividad: REBOTAR

Objetivo   Simular el efecto de invernadero.

Materiales   *2 tazas (500 ml) de tierra*
frasco con tapa (suficientemente alto para que quepa uno de los termómetros
2 termómetros

Procedimiento

■ Pon la tierra en el frasco.

TIERRA

■ Coloca uno de los termómetros dentro del frasco y ciérralo con la tapa.

■ Coloca el frasco cerca de una ventana frente a la luz solar directa y coloca el segundo termómetro junto al frasco.

■ Observa las lecturas de temperatura en los dos termómetros después de 30 minutos.

Resultados La lectura de la temperatura dentro del frasco cerrado es mayor que la de afuera del frasco.

¿Por qué? El frasco es un modelo pequeño de un invernadero. Un invernadero está hecho de vidrio o de plástico claro, lo que permite que la energía solar entre y caliente el interior.

Como en un invernadero, la energía solar entra y calienta la atmósfera de la Tierra. Un invernadero se calienta principalmente porque está cerrado y el aire externo más frío no puede mezclarse con el aire caliente interno. La Tierra se calienta porque la energía solar choca con la superficie de la Tierra y la superficie libera calor. La mayor parte de este calor la absorben los gases de invernadero, que atrapan al calor cerca de la superficie.

Solución a los ejercicios

1. ¡Piensa!

- Tres partes de la energía solar se reflejan de una nube.

- La suma de los porcentajes de las tres partes equivale a la cantidad total de energía reflejada.

  10% + 10% + 5% = ?

  El porcentaje de energía solar reflejada por la atmósfera terrestre es 25 por ciento.

2. ¡Piensa!

- Una parte de 5% de la energía solar se refleja de la superficie de la Tierra.

El porcentaje de energía solar reflejada por la superficie de la Tierra es de 5 por ciento.

3. ¡Piensa!

- La nube recibe tres partes de energía solar.
- La suma de los porcentajes de las tres partes equivale a la energía total absorbida por la nube.

10% + 10% + 5% = 25%

- La superficie terrestre recibe cinco partes de energía solar.
- La suma de los porcentajes de las cinco partes equivale a la energía total absorbida por la superficie terrestre.

10% + 10% + 10% +10% + 5% = 45%

- La cantidad absorbida por la nube, más la cantidad absorbida por la superficie terrestre, equivale a la energía total absorbida.

  25% + 45% = ?

El porcentaje de energía solar absorbida o no reflejada hacia el espacio es 70 por ciento.

19

Bueno y malo

Cómo los plásticos afectan al ambiente

Lo que necesitas saber

Los plásticos son materiales muy útiles y baratos en general. Son repelentes al agua, ligeros y resistentes. Como la espuma plástica funciona como un aislante, se utiliza para retener y mantener la temperatura de los alimentos. La espuma plástica también es tan ligera que flota y por consiguiente se le usa para hacer salvavidas.

A pesar de todos los beneficios que tienen los plásticos, también son perjudiciales para el ambiente. La mayoría de los plásticos perduran un largo tiempo. Aunque es bueno tener productos que duren mucho, también puede ser malo, porque es difícil deshacerse de ellos. Para desechar al plástico, se le entierra en un área de desechos sólidos denominada **depósito sanitario**, se le quema o se le recicla. La quema produce contaminantes tóxicos del aire. El enterrar plásticos puede quitarlos de la vista, pero la mayoría de ellos no son **biodegradables** (capaces de ser descompuestos en sustancias no perjudiciales por la acción de organismos vivos, en especial bacterias). Esto significa que los plásticos en los depósitos permanecerán ahí, sin cambiar, durante cientos de años. Los plásticos de desecho también terminan en nuestra agua, y peces, tortugas y otros organismos que la ha-

bitan pueden confundir trozos pequeños de plástico flotante con alimento y al consumirlos pueden morir

Los científicos están encontrando modos de producir plásticos que sean menos perjudiciales para el ambiente. La adición de celulosa a los plásticos hace que se descompongan más fácilmente. Pero aún no se determina qué tan bien se degradarán estos plásticos o si llegarán a los sistemas de agua y la contaminarán.

Algunos plásticos se reciclan. Los plásticos se lavan, se cortan en pedazos, se derriten y se les transforma en muchos productos distintos, como esquíes, tablas para *surf*, tubos, bancas para parques y relleno de fibras de plástico. Puesto que no todos los plásticos se reciclan en la actualidad, ésta no es la solución absoluta al problema del desecho de plásticos. Sin embargo, es una solución mejor que quemarlos o enterrarlos.

Ejercicios

1. Identifica si el uso del plástico es bueno o malo en cada dibujo.

A

ESPUMA PLÁSTICA

B

ESPUMA PLÁSTICA

C

ESPUMA PLÁSTICA

2. Es difícil evitar por completo el uso de plásticos. Determina cuáles de las siguientes acciones te permitirían ayudar con el problema de los plásticos.

a. Usar varias veces los recipientes de plástico.

b. Quemar los plásticos de desecho.

c. Comprar productos hechos de materiales naturales como papel o madera en lugar de plástico.

d. Llevar una bolsa de tela a la tienda de abarrotes en lugar de usar bolsas de plástico.

Actividad: ESPUMOSO

Objetivo   Hacer espuma plástica simulada.

Materiales *1 taza (250 ml) con agua*
recipiente de 2 litros (2 qt)
2 cucharadas (30 ml) de líquido lavatrastes
batidor
cuchara para mezclar
taza para medir de 250 ml
reloj
cuchara para medir de 15 ml

Procedimiento

■ Vierte el agua en el recipiente.

■ Añade el líquido lavatrastes al agua del recipiente.

■ Usa el batidor para batir el líquido hasta que formes mucha espuma.

■ Usa la cuchara de mezclar y llena la taza para medir con espuma.

Nota: *Ten cuidado de no pasar líquido a la taza.*

■ Coloca la taza donde nadie la toque.

■ Observa la espuma tan frecuentemente como sea posible durante 4 horas.

■ Después de 4 horas o cuando toda la espuma se haya convertido en líquido, con la cuchara para medir, determina la cantidad de líquido que hay en la taza.

Resultados Las burbujas de la espuma llenan la taza. Cuando se revientan las burbujas, el volumen de espuma que ocupa la taza cambia a unas 2 cucharadas (30 ml) de líquido.

¿Por qué? Al batir el líquido produce burbujas llenas de aire. La espuma es aire en su mayoría. Cuando la taza se deja inmóvil, las burbujas se revientan, el aire escapa y la espuma vuelve a ser un líquido jabonoso. Como la espuma de jabón, la espuma plástica está llena de aire. Pero a diferencia de la espuma de jabón, las burbujas no se revientan a menos que se les aplique presión, de modo que la espuma plástica conserva el mismo tamaño. Debido a que la espuma plástica es aire principalmente, los materiales grandes hechos con este plástico son muy ligeros y fáciles de transportar. El aire no transmite energía con facilidad, de modo que el plástico lleno de aire es un buen aislante, lo cual es bueno. No obstante, estos plásticos ocupan grandes espacios en los basureros, lo cual es malo.

Solución a los ejercicios

1a. *¡Piensa!*

- Un chaleco salvavidas hecho de espuma plástica flota. Esto salvaría la vida de la niña si se cayera al agua.
  En la figura A, el uso del plástico como chaleco salvavidas es bueno.

b. *¡Piensa!*

- El pez piensa que el salvavidas de espuma plástica es alimento. El pez podría morir si se comiera el plástico.

En la figura B, el plástico como alimento para el pez es malo.

c. ¡Piensa!

- La espuma plástica utilizada para hacer la taza es un aislante. Esto permite que el líquido dentro de la taza se mantenga caliente más tiempo.

En la figura C, el uso del plástico como material aislante en una taza es bueno.

d. ¡Piensa!

- La mayoría de los plásticos no son biodegradables. Los plásticos enterrados permanecerán en los depósitos durante cientos de años.

En la figura D, el plástico como material de depósito es malo.

2a. ¡Piensa!

- El usar varias veces el plástico reduce el problema de su desecho.

b. ¡Piensa!

- El quemar el plástico produce contaminantes tóxicos del aire.

c. ¡Piensa!

- Los materiales naturales, como el papel y la madera, son mucho más biodegradables que el plástico.

d. ¡Piensa!

- La bolsa de tela puede usarse una y otra vez y es biodegradable cuando se desecha finalmente como basura.

Las acciones a, c y d te permitirían ayudar a reducir el problema de los plásticos.

20

Lluvia ácida

Las causas y los efectos de la lluvia ácida

Lo que necesitas saber

La **lluvia ácida** es cualquier tipo de precipitación que contiene cantidades de ácido mayores que las normales. Todas las **soluciones** (mezclas hechas al disolver una sustancia en un líquido como el agua) son ácidas, básicas o neutras. La unidad de medición para determinar si una solución es ácida, básica o neutra se denomina **pH** y la escala utilizada para medir el pH se llama **escala de**

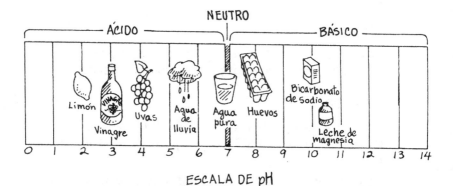

ESCALA DE pH

pH, con valores que van de 0 a 14. Una solución **ácida,** como el vinagre o el agua de lluvia normal, tiene un pH menor de 7. Las soluciones con valores de pH mayores de 7, como la leche de magnesia y los huevos, son **bases** (lo opuesto a ácido y capaz de reducir la cantidad de ácido de una sustancia). Un pH de 0 es el valor ácido más alto y un pH de 14 es el valor básico más alto. Un pH de 7 indica que una solución es **neutra** (ni ácida ni básica). El agua pura es neutra.

Cada diferencia de un número entero entre los valores de pH indica diez veces la fuerza ácida o básica de los valores adyacentes. Así, una solución con pH 2 es diez veces más ácida que una solución con pH 3. La diferencia entre pH 2 y pH 4 es dos números enteros. De este modo, una solución con pH 2 es 10 × 10, es decir 100, veces más ácida que una solución con pH 4.

El agua que se evapora del suelo no es ácida ni básica; es neutra (pH 7). Cuando este vapor de agua se condensa, el agua líquida se mezcla con los gases atmosféricos, como el bióxido de carbono. El agua, más cantidades normales de bióxido de carbono, produce un ácido débil con un pH entre 5 y 6. Entonces, el agua de lluvia normal es ligeramente ácida. El ácido de la lluvia normal disuelve rocas, pero puede tardar cientos o incluso miles de años en hacerlo.

El pH bajo (grandes concentraciones de ácido) de la lluvia ácida se debe a la presencia de contaminantes del aire, como bióxido de azufre y óxidos de nitrógeno. Estos gases producen ácidos cuando se combinan con el agua. Esta precipitación ácida cae al suelo y parte de ella llega finalmente a las vías fluviales.

Ciertos contaminantes del aire, como los gases y el polvo provenientes de las erupciones volcánicas, se producen de manera natural. Los contaminantes del aire producidos por las actividades humanas en su mayoría son el resultado de quemar combustibles fósiles como carbón y petróleo. Estos combustibles se queman para producir energía para los automóviles, el hogar y los negocios. La quema de combustibles fósiles libera millones de toneladas de contaminantes al aire cada año, cantidad mucho mayor en áreas donde hay fábricas, plantas de energía eléctrica y grandes cantidades de automóviles, camiones y autobuses.

Aunque los contaminantes del aire generalmente se elevan y luego caen en áreas cercanas al sitio donde se producen, el viento puede transportarlos muchos kilómetros a lugares que no tienen industrias contaminantes. Los contaminantes del aire arrastrados por los vientos se denominan **precipitación contaminante.** Los **vientos dominantes** soplan desde una dirección y, como todos los vientos, se les nombra según la dirección de la que provienen. Un viento dominante del este proviene del este y sopla hacia el oeste. Esto significa que es más probable que reciban más precipitación contaminante las áreas al oeste de una zona industrial con vientos dominantes del este y las áreas al este con vientos dominantes del oeste.

Algunos contaminantes del aire caen al suelo rápidamente sin combinarse con la humedad. Éstos se llaman **depósitos secos.** Otros pueden acumularse y combinar-

se después con agua de lluvia para formar soluciones ácidas fuertes. Los contaminantes que permanecen en el aire pueden quedarse ahí durante una semana o más. En este tiempo, algunos se mezclan con la humedad en el aire para formar ácidos antes de caer. Éstos se denominan **depósitos húmedos**. Antes de caer, estos contaminantes se combinan a menudo con otras sustancias químicas en el aire para formar contaminantes adicionales, como el ozono. Consulta el capítulo 21, "Protector", para que tengas más información acerca de la formación y de los efectos contaminantes del ozono.

La lluvia ácida corroe lentamente edificios, monumentos y otras estructuras hechas de roca. Pero un efecto que causa una gran preocupación es que la lluvia ácida convierte ácidos a algunos lagos. En condiciones normales, un lago tiene un pH de cerca de 6.5 y mantiene la vida de muchos tipos de plantas, insectos y peces. Otros animales y aves también dependen de los lagos para obtener alimento. Las grandes concentraciones de ácido matan a los peces pequeños al salir de sus huevos.

Los ácidos también provocan que minerales tóxicos, como aluminio y mercurio, se separen del suelo circundante conforme la lluvia ácida fluye sobre él. Estos contaminantes son arrastrados sobre el suelo hasta los lagos. Las aves que se alimentan de los peces de lagos que contienen minerales venenosos también sufren las consecuencias. Los cascarones de sus huevos se ven afectados: se vuelven más frágiles y se rompen fácilmente. Las aves pequeñas que sí nacen pueden tener huesos deformes o morir.

Hay pruebas en todo el mundo de que la lluvia ácida afecta a los árboles y bosques. Con frecuencia, la lluvia ácida debilita a los árboles de manera que éstos mueren al caerse o por el ataque de insectos y hongos. Uno de los signos externos del daño a los árboles causado por la lluvia ácida es una menor cantidad de hojas.

Ejercicios

1. ¿Qué áreas del mapa recibirían más precipitación contaminante debido a un viento dominante del este?

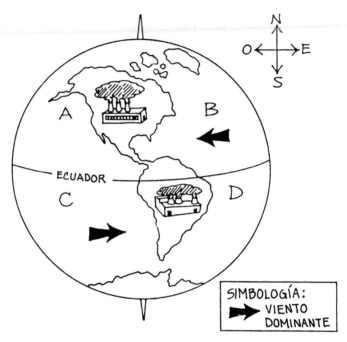

2. Determina qué tan lejos es acarreado un contaminante del aire en 5 días por un viento que se mueve a 16 kilómetros por hora (10 millas por hora).

Actividad: BRUMOSO

Objetivo   Demostrar el efecto de la lluvia ácida en las plantas.

Materiales   2 botellas de un litro (1 qt) con rociador
agua destilada
cinta adhesiva (masking tape)

bolígrafo (pluma)

vinagre blanco

3 plantas pequeñas para interiores, lo más parecidas posible

Procedimiento

- Llena una de las botellas de rociador con agua destilada. Asegura la tapa.

- Usa la cinta adhesiva y el bolígrafo para ponerle la etiqueta "Agua". Esta solución será nombrada como el agua.

- Llena la segunda botella con agua destilada, hasta la mitad, luego añade suficiente vinagre hasta llenar la botella.

- Asegura la tapa y agita la botella hacia adelante y hacia atrás varias veces para mezclar bien su contenido.

- Ponle la etiqueta "Ácido" a la segunda botella. Esta solución será nombrada como el ácido.

- Marca las plantas con las etiquetas "Agua", "Ácido" y "Seca". En los pasos restantes, trata a cada planta exactamente igual, excepto al regarlas.

- Rocía el agua sobre la tierra de la planta marcada con "Agua" hasta que esté húmeda, pero no empapada. Cuenta el número de chisguetes de agua añadidos a la planta.

- Rocía una cantidad igual del ácido en la tierra de la planta marcada con "Ácido".

- No riegues la planta que tiene la etiqueta "Seca".

- Coloca las 3 plantas cerca de una ventana de modo que reciban igual cantidad de luz solar.

- Una vez al día, rocía las hojas de las plantas con las etiquetas "Agua" y "Ácido" con tres chisguetes de la solución adecuada.

- Rocía cantidades iguales de solución en la tierra de las plantas marcadas con "Agua" y "Ácido", según sea necesario para mantener húmeda la tierra.
- No riegues la planta con la etiqueta "Seca".
- Observa las plantas durante 4 semanas o hasta que una de ellas pierda al menos la mitad de sus hojas o muera.

Resultados La planta seca se muere. Sus hojas se tornan pálidas y finalmente se caen. Las hojas de la planta rociada con ácido se tornan pálidas y algunas amarillas antes de desprenderse. Esta planta también se muere. La cantidad de tiempo para obtener estos resultados varía con el tipo de planta usada. La planta rociada con agua permanece saludable.

Nota: *Estos son los resultados esperados, pero una planta enferma podría morir aun cuando se le rociara con agua.*

¿**Por qué?** El agua destilada tiene pH de 7. Es neutra, ni ácida ni básica. Puedes observar que el agua es necesaria para que las plantas sobrevivan porque la planta seca se muere sin ella. Aunque las plantas permanecen saludables con lluvia ligeramente ácida, no sobreviven con concentraciones de pH bajo (muy ácidas). La concentración de ácido de la solución de vinagre es mayor que la de la mayoría de las lluvias ácidas y mayor que la que pueden soportar la mayoría de las plantas comunes, pero algunas plantas son más tolerantes al ácido y sobreviven durante un periodo de tiempo más largo.

Solución a los ejercicios

1. *¡Piensa!*

   • Los vientos dominantes del este provienen del este y se desplazan hacia el oeste.

   Las áreas A y C recibirían la mayor cantidad de precipitación contaminante debido a los vientos dominantes.

2. *¡Piensa!*

   • Si hay 24 horas en un día, el número de horas en 5 días es

   5 × 24 = 120 horas

   • Si el viento acarrea el contaminante 16 km (10 millas) en 1 hora, la distancia por la que el contaminante es acarreado en 120 horas es

   16 × 120 = ?

   El viento acarrea al contaminante 1920 km (1200 millas) en 5 días.

21

Protector

Qué es el ozono y cómo afecta a los seres vivos

Lo que necesitas saber

El oxígeno que respiras está hecho de dos **átomos** de oxígeno (las partículas diminutas de las que están hechas todas las cosas). El símbolo del oxígeno es O_2. Otra forma de oxígeno denominada **ozono** está compuesta por tres átomos de oxígeno y su símbolo es O_3.

Una parte de la luz solar con gran cantidad de energía se llama **luz ultravioleta (UV)** y es responsable de la producción de la mayoría del ozono. En la atmósfera superior, a una altura aproximada de 15 a 50 km (9 a 30 millas) sobre la superficie terrestre, los rayos UV provocan que el oxígeno se divida en átomos separados. Cuando los dos átomos de oxígeno se combinan con otras moléculas de oxígeno en la atmósfera, se producen las moléculas de ozono.

El ozono se acumula en la atmósfera superior que rodea a la Tierra y forma una capa llamada **capa de ozono**. La capa de ozono no es una barrera sólida, sino moléculas diseminadas de gas ozono. Si todo el ozono se comprimiera en una capa sólida, tendría sólo 0.3 cm (1/8 pulg) de grosor.

La capa de ozono impide que la mayoría de los rayos UV del sol lleguen a la Tierra. Algunos rayos UV son necesarios para la vida, pero demasiados podrían cocerte. Puedes haber sentido que los rayos UV te "cocían" si te

asoleaste demasiado tiempo y el sol te quemó. El ozono absorbe los rayos UV, pero en el proceso, los rayos UV provocan que el ozono se descomponga. Por lo tanto, hay un **ciclo del ozono** natural, en el cual el ozono se descompone y luego se vuelve a formar.

Si no se lo alterara, el ciclo del ozono estaría en equilibrio y la cantidad total de ozono permanecería constante en la mencionada capa. Sin embargo, los contaminantes del aire llamados **CFC** (clorofluorocarbonos) han ocasionado la reducción del tamaño de la capa de ozono. Los CFC son gases que se usan en envases para aerosoles, aparatos acondicionadores del aire y espuma plástica inflada. Cuando los CFC suben a la capa de ozono, los rayos UV hacen que los átomos de un gas llamado cloro se separen de los CFC. Un átomo libre de cloro causa que se separen miles de átomos de ozono, con lo que se forma oxígeno común y corriente.

No se conocen todos los efectos de la reducción de la capa de ozono, pero es seguro que tu piel sufra daño por el aumento de rayos UV que llegan a la Tierra. Sin embargo, el ozono no es completamente maravilloso. El ozono está considerado como un contaminante en la atmósfera inferior, donde se produce durante las tormentas eléctricas, mediante equipo eléctrico y como resultado de contaminantes provenientes de automóviles. El respirar incluso pequeñas cantidades de ozono puede provocar dolor de garganta, tos y otros problemas respiratorios.

Ejercicios

1. Usa la información proporcionada sobre el átomo de oxígeno como guía y llena las secciones que faltan en la tabla de la página siguiente.

MODELO	SÍMBOLO	NOMBRE
	$\bigcirc$	ÁTOMO DE OXÍGENO
	$\bigcirc_2$	

2. Un agujero en la capa de ozono permitiría que pasaran grandes cantidades de luz UV, lo que impediría que el plancton elaborara sus propios alimentos, de modo que moriría. Estudia el dibujo de la página siguiente y determina cuál de los siguientes enunciados describe un resultado posible de un agujero en la capa de ozono.

    a. Sólo el plancton se muere.
    b. El plancton y el pez A se mueren.
    c. El plancton, el pez A y el pez B se mueren.

173

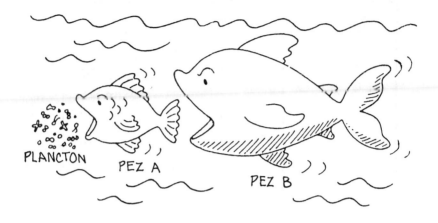

PLANCTON PEZ A PEZ B

Actividad: FILTRO SOLAR

Objetivo Simular el efecto que tiene la capa de ozono en la luz.

Materiales *fólder de plástico transparente*
loción con filtro solar con grado alto de filtración
hoja de periódico
cinta adhesiva (masking tape)
plastilina
reloj

Procedimiento

Nota: *El experimento da mejores resultados si se comienza a mediodía en un día soleado.*

■ Con tus dedos, cubre un lado del fólder con la loción; asegúrate de aplicarla en una capa uniforme. Lávate las manos después de aplicar la loción.

■ Pon el periódico sobre una mesa al aire libre.

■ Fija el periódico, pegando las esquinas a la mesa.

■ Usa todas las bolas de plastilina del tamaño de una nuez que sean necesarias para sostener el fólder, con el lado cubierto de loción hacia arriba, sobre el centro del periódico. Si es necesario, apoya el centro del fólder en plastilina para evitar que toque el periódico.

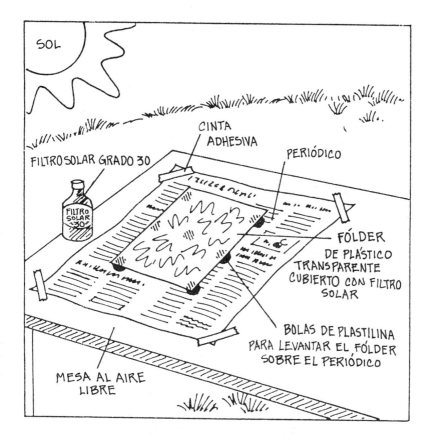

Nota: Deseas probar los efectos de la reducción de la luz UV, no la reducción de aire. El fólder se mantiene en alto para que el aire fluya sobre el periódico.

175

■ Después de 2 horas, quita el fólder y compara el color de esta área del periódico con el color del área que no tapaba el fólder.

Resultados El área cubierta por el fólder permaneció blanca, mientras que el área fuera del fólder se tornó amarilla.

¿Por qué? El papel que se usa para hacer periódico tiene un color amarillo antes de que lo blanqueen quitándole oxígeno. Los periódicos se ponen amarillos con el tiempo porque el oxígeno del aire vuelve a incorporarse al papel. La luz UV del sol acelera la velocidad con la que el oxígeno se combina con el papel, lo cual reduce el tiempo requerido para que el papel se ponga amarillo. La loción con filtro solar, como la capa de ozono, impide que la mayoría de la luz UV llegue al papel.

Solución a los ejercicios

1.

MODELO	SÍMBOLO	NOMBRE
	O	ÁTOMO DE OXÍGENO
	O_2	OXÍGENO
	O_3	OZONO

2. ¡Piensa!

- El plancton es el alimento del pez A, que a su vez, es alimento del pez B.

- Sin plancton, el pez A se muere.

- Sin el pez A, el pez B se muere.

La respuesta es C. El plancton, el pez A y el pez B morirán como resultado de un agujero en la capa de ozono.

22

Acumulación

¿Adónde va la mayor parte de tu basura?

Lo que necesitas saber

¿Qué le sucede a la basura que produce tu familia? Cuando el camión de la basura la recoge, ¿un mago la desaparece con su varita? ¡No! Tu basura y la de millones de otras personas se entierra en un depósito sanitario, se **incinera** (se quema hasta convertirla en cenizas) o se recicla.

Los basureros abiertos contienen desechos que permanecen expuestos durante largos periodos de tiempo. Los basureros son sitios donde buscan alimento insectos, ratas y otros animales portadores de enfermedades. Huelen mal y representan un peligro de incendio. Los basureros también permiten que el **agua de lixiviación** (una mezcla de agua de lluvia y otros líquidos que provienen de la basura) se filtre hacia el agua subterránea.

En Estados Unidos, los basureros abiertos están siendo reemplazados por **depósitos sanitarios**, que contienen recubrimientos diseñados especialmente, para proteger al ambiente y mantener los desechos y el agua de lixiviación sellados dentro de la tierra. El agua de lixiviación se escurre hacia el fondo del depósito sanitario, de donde se le bombea hacia afuera. Después se le trata en el depósito sanitario o en una planta de tratamiento de aguas negras antes de liberarla a las vías fluviales.

La basura se descarga en el depósito sanitario y se compacta por medio de aplanadoras. Cuando el depósito sanitario está lleno, se cubre con arcilla, luego se coloca tierra sobre la arcilla. Se plantan pasto, arbustos y árboles en la tierra. Estas áreas pueden usarse para parques u otras áreas de recreación.

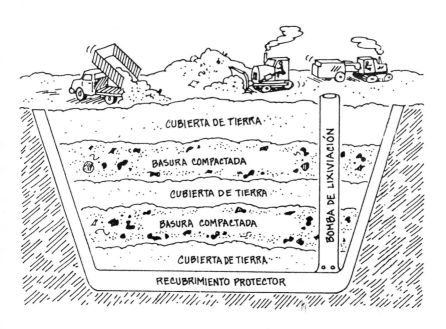

Existen cerca de 6000 depósitos sanitarios en Estados Unidos y aunque son mejores que los basureros abiertos, no son la solución absoluta al problema de eliminación de la basura. Deben estar cerca de las comunidades y requieren tipos de tierra y condiciones geológicas específicos. Los lugares que reúnen estos requisitos son cada vez más difíciles de encontrar y los que están en uso se están llenando mucho más rápidamente de lo esperado. Los depósitos sanitarios que no se diseñan ni manejan correctamente no protegen al ambiente.

Ejercicios

1. Usa la gráfica de barras para completar los siguientes enunciados acerca de la eliminación de la basura:

a. La mayor parte de la basura _____ .

b. Sólo el 13% de la mayor parte de la basura _____ .

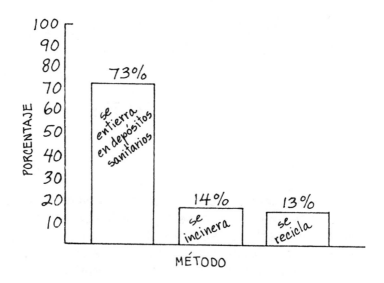

ELIMINACIÓN DE BASURA

180

2. Usa la figura para determinar qué material se desecha con más frecuencia que los demás.

12.7%	OTROS MATERIALES (HULE, MADERA, CASCAJO)
7.1%	VIDRIO
8.4%	METAL
8.5%	RESTOS DE ALIMENTOS
9.1%	PLÁSTICO
20%	DESECHOS DE JARDINES
34%	PAPEL

Actividad: TÁPALOS

Objetivo Observar cómo cambian diferentes materiales en un depósito sanitario.

Materiales *tijeras*
regla
bolsa de plástico para basura
2 cajas de zapatos
cinta adhesiva (masking tape)
tierra suficiente para llenar las dos cajas de zapatos
recipiente grande
agua

2 juegos de materiales de prueba: periódico, cáscara de naranja, papel aluminio, tapa de plástico
lupa

Procedimiento

■ Corta dos pedazos de 55 × 55 cm (22 × 22 pulg) de la bolsa para basura.

■ Cubre el interior de cada caja de zapatos con un pedazo de esta bolsa de plástico.

■ Asegura el recubrimiento de plástico con cinta adhesiva.

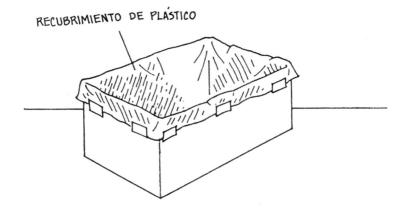

RECUBRIMIENTO DE PLÁSTICO

■ Deposita tierra en cada caja y añade suficiente agua para humedecerla.

■ Añade más o menos 5 cm (2 pulg) de tierra húmeda en cada caja.

■ Coloca uno de cada uno de los materiales de prueba sobre la superficie de la tierra en cada caja. Distribuye los materiales de modo que no se toquen entre sí.

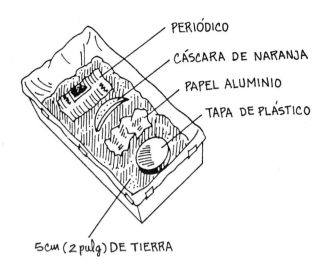

PERIÓDICO

CÁSCARA DE NARANJA

PAPEL ALUMINIO

TAPA DE PLÁSTICO

5 cm (2 pulg) DE TIERRA

■ Agrega a cada caja más tierra para cubrir los materiales de prueba.

■ Coloca las cajas en un lugar soleado. Durante los 28 días siguientes, mantén húmeda la tierra en cada caja agregando cantidades iguales de agua a cada una. Trata las cajas exactamente de la misma manera.

■ Después de los primeros 14 días, destapa con cuidado los materiales de prueba de una caja.

■ Usa la lupa para estudiar los materiales.

■ Después de otros 14 días más, destapa los materiales de la segunda caja.

■ De nuevo, estudia los materiales con la lupa.

Resultados Después de 14 días, el papel aluminio y la tapa de plástico permanecen sin cambios. El periódico y la cáscara de naranja muestran algunos signos de descomposición. Después de 28 días, el papel aluminio y la tapa de plástico aún permanecen sin cambios y el periódico y la cáscara de naranja muestran más signos de descomposición.

¿Por qué? Cuando la basura se tira en un depósito sanitario, se espera que los **microorganismos** (organismos vivos microscópicos) de la tierra provoquen que los materiales se descompongan. Ciertos materiales tardan más que otros en descomponerse. Los objetos como el papel y los restos de alimentos pueden tardar sólo pocos días, mientras que se predice que los plásticos y los botes de aluminio tardan cientos de años, si es que se descomponen. Los materiales que se descomponen fácilmente por la acción de los microorganismos son biodegradables.

En este experimento, la caja se recubre con plástico. Esto es similar a la arcilla o al plástico grueso hecho por el ser humano que se usan para recubrir depósitos sanitarios. Así como el plástico dentro de la caja impide que ésta se dañe con la tierra húmeda, el recubrimiento del depósito sanitario impide que los **fluidos** (gases y líquidos) perjudiciales se escurran hacia el agua subterránea.

Solución a los ejercicios

1a. ¡*Piensa!*

- ¿Cuál es la barra más alta en la gráfica?

  La mayor parte de la basura se entierra en depósitos sanitarios.

b. ¡*Piensa!*

- ¿Cuál barra es tan alta como la marca de 13 por ciento?

  Sólo el 13 por ciento de la mayor parte de la basura se recicla.

2. ¡Piensa!

- ¿Cuál es la división más grande de la bolsa?

  Se desecha más papel que cualquier otro material.

23

Reutilizable

Aprendiendo sobre fuentes de energía renovables

Lo que necesitas saber

Conforme aumenta la población de la Tierra, se incrementa la demanda de energía. Las pruebas indican que la cantidad de combustibles fósiles que se usan para obtener energía es mucho mayor que la velocidad a la cual se forman en la naturaleza. Demasiada gente está usando demasiada energía y los combustibles fósiles se están acabando.

Como los combustibles fósiles son limitados y no renovables, debemos conservar lo que usamos y realizar más investigaciones sobre el uso de fuentes de energía renovables disponibles, como la energía geotérmica, hidráulica, eólica, nuclear o solar.

La **energía geotérmica** es energía calorífica proveniente del interior de la Tierra. Cuando el agua subterránea muy dentro de la corteza terrestre hace contacto con el **magma** (roca fundida o derretida dentro de la Tierra), se convierte en vapor. Los géiser son un ejemplo de energía geotérmica liberada en la superficie terrestre. Si se atrapa el vapor, se puede perforar un pozo y dirigir el vapor hacia las hélices de máquinas llamadas turbinas de vapor. Estas turbinas giratorias producen electricidad. La energía geotérmica es una fuente de energía limpia. Sin embargo, hay pocos lugares donde la energía geotérmica está disponible y no se sabe mucho acerca del efecto que causa en la Tierra sacar grandes cantidades de energía geotérmica.

La **energía nuclear** se produce a partir de cambios en los **núcleos** atómicos (los centros pesados de los átomos). Estos cambios producen calor, el cual se usa para calentar agua y producir vapor que haga girar las turbinas que generan electricidad. La ventaja de usar energía nuclear es que una pequeña cantidad de combustible produce una gran cantidad de energía útil. Otra ventaja es que no se producen gases contaminantes que dañen el ambiente. Las desventajas del uso de la energía nuclear son que los desechos nucleares y los reactores nucleares son peligrosos.

El sol irradia energía solar en forma de calor y luz. La energía solar que llega a la Tierra calienta su superficie y el aire que la rodea. La energía solar que capturan las plantas proporciona toda la energía para alimentos del mundo. La energía solar es activa o pasiva. Un ejemplo de energía solar activa es el uso de páneles solares que convierten la energía solar en electricidad. Un ejemplo de energía solar pasiva es el uso de vidrio en un invernadero para permitir la entrada de más energía solar. La energía solar es limpia y no contamina, pero la energía solar activa no se usa ampliamente debido a que es cara y no funciona en días nublados.

La **energía hidráulica** (energía proveniente del agua en movimiento) y la **energía eólica** (energía proveniente del aire en movimiento) son dos de las fuentes de energía más antiguas. Las dos se usan para producir electricidad. Estos recursos no se acaban y no producen contaminantes del aire, pero tienen desventajas. Para explotar la energía hidráulica se requiere cambiar el ambiente para construir presas. Esto puede afectar a los peces y a la vida silvestre en el área de la presa.

La principal desventaja de la energía eólica es que el viento no sopla todo el tiempo.

Ejercicios

Usa la línea de tiempo para contestar las siguientes preguntas:

1. ¿Con qué dispositivo experimentaban los europeos, en 1600, para proteger a las plantas tropicales que llevaban los exploradores?

2. La primera planta hidroeléctrica (de energía hidráulica) de Estados Unidos fue construida en Wisconsin. ¿En qué fecha?

3. El primer reactor nuclear comercial fue construido en Pensilvania. ¿En qué fecha?

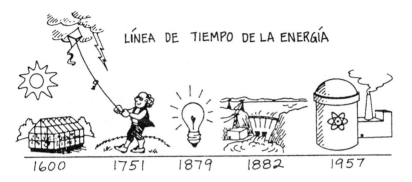

LÍNEA DE TIEMPO DE LA ENERGÍA

| 1600 | 1751 | 1879 | 1882 | 1957 |

Actividad: ENERGÍA EÓLICA

Objetivo   Demostrar cómo se puede usar el viento para realizar trabajo.

Materiales   *tijeras*
regla
hoja de papel
lápiz grueso
moneda
sacabocados (perforadora)
popote
plastilina
tubo de cartón de un rollo de toallas de papel
cinta adhesiva (masking tape)
hilo
clip
ventilador

189

Procedimiento

- Corta un cuadro de papel que mida 15 × 15 cm (6 × 6 pulg).

- Dibuja dos líneas diagonales a través del cuadro de papel, de modo que tengas una X.

- Usa la moneda para dibujar un círculo en el centro del papel.

- Corta a lo largo de las cuatro líneas diagonales hasta la orilla del círculo.

- Con la perforadora, haz un agujero en el centro del círculo y en cada esquina, como se muestra.

- Dobla cada esquina de modo que su agujero coincida con el agujero central. Las esquinas dobladas se llamarán hélices.

- Atraviesa todos los agujeros con el popote y coloca las hélices cerca de un extremo del popote, de modo que las esquinas dobladas queden en dirección contraria al popote.

- Coloca un pedazo pequeño de plastilina alrededor de los dos lados del popote cercanos a las hélices para mantenerlas en su lugar.

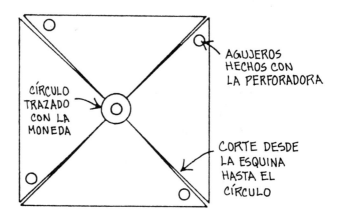

190

Con la perforadora, haz dos agujeros opuestos entre sí cerca de uno de los extremos del tubo de cartón.

Inserta el lápiz en los agujeros del tubo y gira el lápiz para hacer los agujeros ligeramente más grandes que el popote.

Pega el otro extremo del tubo cerca de la orilla de una mesa.

Inserta el extremo libre del popote a través de los agujeros del tubo, de modo que las hélices queden hacia el centro de la mesa.

Corta un trozo de hilo de 60 cm (2 pies).

■ Pega un extremo del hilo a unos 5 cm (2 pulg) del extremo del popote.

Amarra el clip al extremo libre del hilo.

Coloca el ventilador a unos 30 cm (1 pie) enfrente de las hélices.

Enciende el ventilador a baja velocidad.

Observa el movimiento de las hélices, del popote y del clip.

Resultados Las hélices y el popote giran. El hilo se enreda alrededor del popote que gira, por lo que levanta al clip.

¿Por qué? Las hélices de papel son un modelo de una máquina simple llamada torno. Esta máquina, que consiste en una rueda grande a la cual está unida una rueda más pequeña o un eje, se usa para levantar objetos. El modelo demuestra cómo funciona un molino de viento.

El viento proveniente del ventilador choca con las hélices del modelo de molino de viento (la rueda), haciéndolas girar. La rueda gira en un círculo grande y hace que el popote (el eje) gire en un círculo más pequeño. Cuando la rueda hace un giro grande, el hilo se enreda una vez

alrededor del eje que gira. El modelo de molino de viento, como los molinos de viento reales, aprovechan la energía del viento para realizar trabajo. Los molinos de viento se usan para bombear agua, moler granos o producir electricidad.

Solución a los ejercicios

1. ¡Piensa!

- Encuentra el año 1600 en la línea de tiempo.
- ¿Qué acontecimiento le corresponde a esa fecha?

  Los europeos experimentaron primero con el invernadero, una forma de energía solar pasiva.

2. ¡Piensa!

- Encuentra la planta hidroeléctrica en la línea de tiempo.
- ¿Qué fecha le corresponde a este acontecimiento?

La primera planta hidroeléctrica se construyó en Wisconsin en 1882.

3. ¡Piensa!

- Encuentra el reactor nuclear en la línea de tiempo.
- ¿Qué fecha le corresponde a este acontecimiento?

El primer reactor nuclear comercial se construyó en Pensilvania en 1957.

24

Limitados

Cómo los granjeros y campesinos producen alimentos y protegen los limitados recursos naturales de la tierra

Lo que necesitas saber

La **agricultura** es la ciencia que permite la producción de plantas y animales sanos para alimentos, ropa, papel, medicamentos, cosméticos y muchos otros productos. El agua y la tierra son los dos recursos más importantes que necesita un **agricultor** (un experto en agricultura, como un

granjero o un campesino). Estos recursos son limitados, pero si se usan adecuadamente, son reutilizables.

Los agricultores usan con cuidado la tierra para producir plantas y animales saludables. Cuatro ejemplos del uso de la tierra son los siguientes:

1. **Terrazas:** en las laderas empinadas, se siembra a través de la colina, en vez de hacerlo de arriba a abajo de ésta. Esto impide la erosión del suelo por el agua.

2. **Rotación de cultivos:** algunas siembras necesitan nutrimentos diferentes de la tierra. El plantar diferentes siembras cada estación le da tiempo al suelo para renovarse.

3. **Irrigación por goteo:** al liberar agua directamente en la base de las plantas se desperdicia menos agua.

4. **Rompevientos:** plantar árboles y arbustos protege a los campos contra el viento y evita la erosión del suelo.

Los agricultores hacen muchas cosas para ayudar al ambiente. Vuelven a sembrar árboles en los bosques donde los árboles se talan para fabricar papel y productos de madera. También cuidan los bosques y praderas, los cuales proporcionan alimento y abrigo a gran parte de la vida silvestre de la nación.

Se utilizan formas nuevas y viejas para mantener adecuadamente la tierra sin dañar al ambiente. Los depredadores naturales, como las mariquitas (catarinas), se pueden usar contra plagas no deseadas que destruyen las siembras. Los científicos están trabajando para obtener plantas que sean más resistentes a los insectos. Se usan computadoras para manejar el equipo para plantar y cosechar, e incluso para ayudar a administrar el alimento y el cuidado de los animales. Tú puedes ser el futuro científico que produzca o mejore nuevos productos, como descongeladores de caminos (compuestos que derriten la nieve y el hielo) hechos a partir de maíz, combustibles hechos a partir de granos o plásticos biodegradables hechos a partir de productos agrícolas.

Ejercicios

1. Reordena las letras de estas palabras que usan los agricultores:

   ropinmevsote
   rrtazeas
   giarltcurau

2. Relaciona cada palabra reordenada con el dibujo que la representa.

Actividad: PEQUEÑA PORCIÓN

Objetivo Demostrar la cantidad de tierra disponible para la agricultura.

Materiales *plastilina roja, azul, amarilla y verde*
cuchillo (que será usado sólo por un adulto)
ayudante adulto

Procedimiento

■ Haz una esfera de plastilina roja del tamaño aproximado de una manzana.

■ Pídele a un adulto que corte una sección de 1/4 de la esfera.

■ Cubre la superficie curva de la sección de 3/4 con plastilina azul.

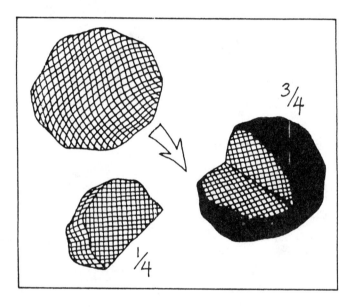

■ Cubre la superficie curva de la sección de 1/4 con plastilina amarilla.

■ Pídele a un adulto que corte la sección de 1/4 a la mitad, a lo largo para hacer dos secciones de 1/8.

■ Pídele a un adulto que corte una de las secciones de 1/8 en cuatro partes iguales para hacer cuatro secciones de 1/32.

198

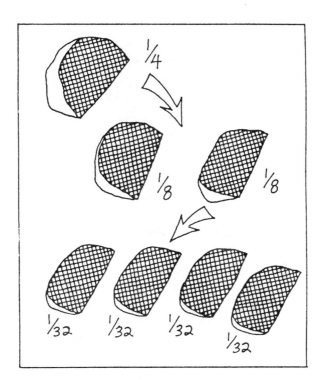

■ Cubre la superficie curva de una de las secciones de 1/32 con plastilina verde.

Resultados La esfera de plastilina roja se corta en seis trozos separados y las superficies curvas están cubiertas con plastilina de diferentes colores. Una superficie curva es azul, cuatro son amarillas y una es verde. Todas las superficies planas permanecen rojas.

¿Por qué? La esfera roja representa a la Tierra. La sección de 3/4 cubierta con azul representa el área de la Tierra cubierta por los océanos. La sección amarilla de 1/8 representa las áreas de tierra como el Antártico, los desiertos, las montañas y los pantanos, donde no se puede sembrar. La tres secciones amarillas de 1/32 representan

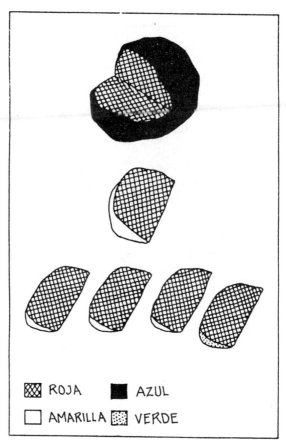

ROJA

AZUL

AMARILLA

VERDE

áreas de tierra que son demasiado húmedas, demasiado calientes o demasiado rocosas, o que tienen un suelo muy malo para la agricultura. La última sección de 1/32, cubierta de verde, representa el área de tierra donde se producen todos los alimentos y otros productos agrícolas.

Solución a los ejercicios

1. ¡Piensa!

ropinmevsote	ROMPEVIENTOS
rrtazeas	TERRAZAS
giarltcurau	AGRICULTURA

Las palabras reordenadas son rompevientos, terra-
zas y agricultura.

2a. ¡Piensa!

- Las plantas se sembraron alrededor de una colina.

La figura A representa cultivos en terrazas.

b. ¡Piensa!

- Se producen animales y plantas para obtener alimentos y para otros usos.

La figura B representa la agricultura.

c. ¡Piensa!

- Los árboles plantados cerca de un campo cultivado
protegen al campo del viento.

La figura C representa un rompevientos.

25

En peligro

Aprendiendo sobre animales en peligro de extinción

Lo que necesitas saber

La **extinción** es la muerte de una especie de cualquier ser vivo. Es la desaparición total de una especie de la faz de la Tierra, para siempre. Los animales que están **en peligro de extinción** son aquéllos en peligro inmediato de ser exterminados, si no se hace algo pronto para salvarlos.

Los fósiles, que son los restos de animales y plantas prehistóricos, muestran que ha habido extinciones en toda la historia de la Tierra. Los desastres naturales, como las erupciones volcánicas o los cambios climáticos, causan extinciones. Los organismos que no se pueden adaptar a los cambios mueren.

Hubo una extinción en masa (a gran escala) hace alrededor de 65 millones de años, cuando los dinosaurios desaparecieron. Una teoría actual es que un meteorito chocó con la Tierra, con lo que se formó una nube de polvo que la rodeó durante varios años. La nube tapó la luz solar y causó que disminuyeran las temperaturas, lo que resultó la muerte de muchos tipos de plantas y animales.

La extinción ha ocurrido de manera natural durante millones de años y continúa haciéndolo. El problema actual es que las especies se están extinguiendo debido a los humanos. Una razón es que hay más gente en la Tierra todos los días. Más gente necesita más espacio para vivir y más recursos naturales como agua, madera, minerales, petróleo y otros productos de la tierra. Otros organismos tienen que competir con la gente por espacio y recursos naturales. Por lo general, la gente gana.

Otra manera en la que los humanos ponen en peligro de extinción a los animales es al modificar el ambiente. Cada especie tiene adaptaciones especiales adecuadas para su hábitat. Si el hábitat es modificado rápidamente, el organismo puede ser incapaz de adaptarse y entonces muere. Observa tu vecindario. Las construcciones para casas y tiendas y los estacionamientos y las calles cubren la tierra que una vez fue el hogar de plantas y animales. Durante la construcción de estos edificios y caminos,

los animales se fueron a otro sitio, pero murieron si no encontraron alimento y abrigo. La construcción de un vecindario no causa la extinción de una especie, a menos que sea el único lugar en el mundo donde la especie exista. Sin embargo, la construcción de muchos vecindarios podría causar que ciertas especies estuvieran en peligro de extinción o que se extinguieran.

La extinción también puede ser el resultado de la contaminación. De nuevo, el origen de este problema es la gente. Ejemplos de contaminantes hechos por los humanos que ponen en peligro de extinción a los animales son los siguientes:

- Los plaguicidas se usan para eliminar a las especies que son "plagas", pero el veneno no daña sólo a la plaga.

- Los compuestos químicos que se vierten a las vías fluviales no sólo afectan a las fuentes de agua para beber para la gente, también envenenan a aves, peces, plantas y otras formas de vida, así como a los animales que se alimentan de estos organismos.

- Los derrames de petróleo en ambientes de agua dulce y marinos, amenazan la vida de muchas especies y sus efectos en ellas son a largo plazo. El petróleo asfixia y envenena la vida marina. También causa que los peces no salgan de sus huevos o que estén deformes.

- Los gases contaminantes provenientes de la quema de combustibles fósiles afectan a todos los organismos vivos. Consulta el capítulo 20, "Lluvia ácida", para que tengas más información sobre los efectos de la contaminación del aire.

- Los desechos que llegan a los océanos, lagos y estanques pueden ser confundidos por alimento por los animales. El plástico y otros materiales de desecho son mortales para los animales.

Algunos de los animales que están en la lista de especies en peligro de extinción son los felinos grandes (como el cheeta), caimanes, canguros grises orientales, ballenas, airones, aves del paraíso, lechuzas de madriguera y muchas especies de peces diferentes.

¿La respuesta es ya no construir casas, oficinas, centros comerciales y caminos o dejar de usar el automóvil? No, pero se pueden hacer cambios y se están haciendo. Una manera en la que la gente está ayudando es separando los hábitats naturales en forma de reservas de pradera en los parques de las ciudades, refugios de vida silvestre y reservas ecológicas.

Otra manera de ayudar sería reducir el uso de contaminantes químicos perjudiciales o usar sustitutos que realicen la misma función. La contaminación del aire disminuye cuando la gente usa el autobús o viaja en grupos en el automóvil. Los insectos de jardín molestos se pueden tener bajo control con medios naturales en vez de usar sustancias peligrosas. Por ejemplo, los cebollinos plantados alrededor de un rosal protegen a las rosas de algunos insectos que las atacan.

Muchas de las soluciones son decisiones de adultos. Pero, ¿qué puedes hacer tú? Cuando visites reservas naturales, no cortes las plantas. Pon tu basura en los recipientes diseñados para ello y camina sobre las veredas ya hechas. Recuerda, tú eres un visitante. Deja el área como la encontraste.

Ejercicios

1. Según la gráfica de barras de la página siguiente del Crecimiento de la población, ¿cuánta gente más que la que vivía en 1650 se calcula que habitará la Tierra para el año 2000?

2. La rapidez de extinción está relacionada directamente con la población. De acuerdo con la gráfica de barras,

¿entre qué fechas es más probable que se extinga el mayor número de especies?

CRECIMIENTO DE LA POBLACIÓN
1650 - 2000 D.C.

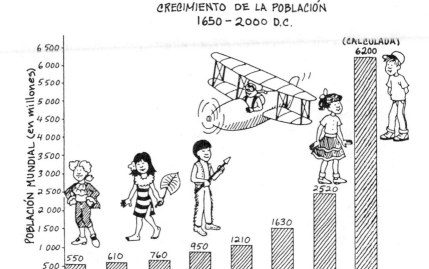

Actividad: DEMASIADOS, DEMASIADO RÁPIDO

Objetivo   Demostrar el efecto de la pesca excesiva.

Materiales   *tijeras*
2 esponjas para lavar trastes
recipiente grande
agua
coladera pequeña
recipiente pequeño
coladera grande
ayudante

Procedimiento

- Corta cada esponja en cubos de 2.5 cm (1 pulg).

- Llena el recipiente grande con agua.

- Coloca 10 cubos de esponja en el agua; distribúyelos sobre la superficie del agua.

- Pídele a tu ayudante que cierre sus ojos y que mueva la coladera pequeña en el agua una vez para recoger tantos cubos como sea posible.

- Saca los cubos de la coladera y deposítalos en el recipiente pequeño.

- Cuenta el número de cubos que quedan en el agua y añade un número igual de cubos para aumentar al doble la cantidad de cubos en el agua.

- Repite tres veces los 3 pasos anteriores. En la última colecta, no añadas otros.

- Comienza de nuevo con 10 cubos en el agua.

- Pídele a tu ayudante que haga los pasos 4 y 5 cuatro veces usando la coladera grande. Después de la última vez, cuenta los cubos que quedan en el agua y añade un número igual de cubos para aumentar al doble la cantidad de cubos en el agua.

Resultados El número de cubos en el recipiente aumenta cuando se usa la coladera pequeña y cuando se añaden cubos después de cada colecta. El número de cubos disminuye considerablemente, e incluso puede ser cero después de sacar los cubos cuatro veces con la coladera grande.

¿Por qué? Los cubos de esponja representan peces y las coladeras, redes comerciales de pesca. El sacar cubos con la coladera pequeña es como pescar con menos redes y atrapar menos peces. El agregar cubos representa la reproducción de los peces. Ante la necesidad de proporcionar peces para alimentar a la población humana en crecimiento, los barcos de pesca comercial atrapan más peces. Las pescas grandes son un problema cuando los peces que quedan no pueden poner sus huevos lo suficientemente rápido para compensarlas. La pesca excesiva elimina peces más rápidamente que lo que ellos pueden reproducirse, como se demostró al usar la coladera grande y no agregar cubos después de cada colecta. Algunos peces están en peligro de extinción a causa de la pesca excesiva.

Solución a los ejercicios

1. ¡Piensa!

- ¿Cuál es la población calculada de la Tierra para el año 2000? 6200 millones.
- ¿Cuál era la población en 1650? Era de 550 millones.

- ¿Cuál es la diferencia entre estos números?

6200 millones – 550 millones = ?

Para el año 2000 habitarán la Tierra 5650 millones de personas más que las que vivían en 1650.

2. ¡Piensa!

- ¿Entre qué fechas cambió más la población?

Es más probable que se extinga la mayoría de las especies entre 1950 y 2000.

Glosario

Abiótico: Sin vida.

Ácido: Solución que tiene un pH menor de 7; también una solución que tiene este valor de pH.

Adaptación: Característica física o una conducta que le permite a un organismo ajustarse a las condiciones de un ambiente específico.

Agricultor: Experto en agricultura, como un campesino o un granjero.

Agricultura: Ciencia de producir plantas y animales saludables para alimentos y otros usos.

Agua de lixiviación: Mezcla de agua de lluvia y otros líquidos que proviene de la basura.

Aislante: Material que no gana ni pierde energía con facilidad.

Algas: Organismos simples, similares a plantas, que se encuentran en el agua o en superficies húmedas.

Ambiente: Los alrededores naturales de un organismo, que incluyen todo, lo vivo y lo no vivo, que afecta al organismo.

Animales coloniales: Animales que viven en colonias.

Atmósfera: Capa de aire que rodea a la Tierra.

Átomo: Una de las partículas diminutas de las que están hechas todas las cosas.

Base: Solución que tiene un pH mayor de 7, capaz de reducir la cantidad de ácido de una sustancia.

Bentos: Animales como las almejas y plantas como el fuco, que viven en el fondo del océano sin importar la profundidad del agua. La mayoría de las plantas viven en aguas poco profundas.

Biodegradable: Capaz de ser descompuesto en sustancias no perjudiciales por la acción de organismos vivos, especialmente bacterias.

Bioma: Ecosistema que cubre un área geográfica grande, donde viven plantas de un tipo debido al clima específico del área.

Biosfera: Parte viviente del planeta que consiste de una capa delgada que se extiende desde justo arriba hasta justo debajo de la superficie de la Tierra. Los ecosistemas combinados de la Tierra.

Biótico: Viviente.

Bióxido de carbono: Gas que se encuentra en el aire, se usa en la fotosíntesis y es producido por la respiración; uno de los gases de invernadero.

Bosque: Bioma cuya vegetación principal consiste en grandes grupos de árboles que suelen crecer lo suficientemente cerca de modo que sus copas se tocan, ensombreciendo el suelo.

Bosque caducifolio: Un bosque que contiene plantas deciduas y que existe donde las temperaturas son moderadas y la lluvia es abundante.

Bosque de coníferas: Un bosque que contiene plantas coníferas y que existe donde los inviernos son muy fríos, los veranos son breves y la lluvia es escasa, como en regiones septentrionales de Norteamérica, Europa y Asia y en las regiones montañosas del mundo. También se le llama bosque boreal, bosque de coníferas septentrional o taiga.

Bosque tropical lluvioso: Un bosque que gana más agua con la precipitación, que la que pierde por evaporación. Se localiza en la zona tropical y tiene una temperatura promedio entre 21° y 29°C y una lluvia anual promedio de más de 200 cm.

Cadena alimentaria: Serie de organismos relacionados entre sí en el orden en el que unos se alimentan de otros.

Capa bajo el dosel: Tercera capa de un bosque, formada por las hojas y ramas de árboles menos altos bajo la capa del dosel.

Capa de arbustos: Cuarta capa de un bosque, hecha de arbustos.

Capa de hierbas: Quinta capa de un bosque, que está cerca del suelo y contiene plantas como flores, pastos, helechos, retoños de árboles y arbustos.

Capa de ozono: Moléculas dispersas de gas ozono que se reúnen en la atmósfera superior de la Tierra en una capa que protege a ésta de la luz ultravioleta excesiva.

Capa del dosel: Segunda capa de un bosque o su techo. Consiste de una red de ramas y hojas, forma una cubierta que bloquea parte de la luz solar para las plantas que están más abajo.

Capa del suelo: Sexta y última capa de un bosque, hecha de líquenes y musgos que crecen en los restos de árboles, ramas y hojas caídos.

Capa emergente: Capa superior de un bosque, formada por los árboles más altos.

Carnívoros: Animales que comen otros animales.

Celulosa: Fibra vegetal.

CFC: Gases de clorofluorocarbonos que se liberan a la atmósfera como contaminantes del aire y que convierten el ozono en oxígeno en la capa de ozono.

Ciclo del agua: Reciclado del agua entre la tierra y la atmósfera.

Ciclo del oxígeno: Reciclado de gases que contienen oxígeno entre plantas y animales.

Ciclo del ozono: Proceso continuo por el cual el ozono se descompone y se vuelve a formar en la capa de ozono.

Círculo Antártico: Frontera imaginaria de la región polar sur.

Círculo Ártico: Frontera imaginaria de la región polar norte.

Clima: Las condiciones del tiempo en un área durante un periodo de tiempo largo.

Clorofila: Un pigmento verde que absorbe luz y se usa en la fotosíntesis.

Colonia: Una gran población cuyos miembros dependen unos de otros.

Combustible fósil: Cualquier depósito de materiales fósiles, como petróleo, gas natural o carbón, que se puede quemar para producir energía.

Comensalismo: Relación en la que un organismo huésped vive sobre o dentro de un organismo hospedero. El organismo huésped se beneficia de la relación, pero el hospedero no recibe beneficio ni daño.

Comunidad: Grupo de diferentes poblaciones.

Comunidad ecológica: Interacción de seres vivos con su ambiente.

Condensación: Proceso mediante el cual un gas, como el vapor de agua, cambia a líquido cuando se enfría; también el agua que resulta de este proceso.

Condensar: Cambiar de gas a líquido como resultado de ser enfriado.

Conservar: Proteger del desperdicio o de la destrucción.

Consumidor superior: Organismo en la parte superior de una cadena alimentaria.

Consumidores: Organismos (en especial animales) que son incapaces de producir su propio alimento y deben ingerir otros organismos.

Consumidores de primer orden: Animales que comen plantas.

Consumidores de segundo orden: Animales que comen consumidores de primer orden.

Consumidores de tercer orden: Animales que comen consumidores de primer orden o de segundo orden o los dos.

Contaminantes: Sustancias que destruyen la pureza del aire, el agua y el suelo.

Coral: El coral vivo está compuesto de pólipos. El coral muerto es una sustancia dura, pétrea, formada por los esqueletos de los pólipos.

Chaparral: Plantas como pequeños árboles y arbustos que en general tienen muchos tallos, a diferencia de los árboles que tienen un tronco principal.

Deforestación: Despojar de árboles.

Depósito sanitario: Área de eliminación de desechos sólidos que protege al ambiente de la lixiviación.

Depósitos húmedos: Contaminantes del aire que se mezclan con la humedad en el aire antes de caer al suelo.

Depósitos secos: Contaminantes del aire que caen rápidamente al suelo sin combinarse con la humedad.

Depredador: Animal que caza y mata a otros animales para obtener alimento.

Descomponedores: Organismos como las bacterias y los hongos que descomponen a las plantas y animales muertos.

Descomponerse: Deteriorarse o pudrirse como resultado de la acción de los microorganismos.

Desierto: Área de tierra que recibe menos de 25 cm de precipitación al año, que pierde más agua por evaporación que la que gana con la precipitación y que tiene temperaturas de verano altas.

Desierto cálido: Desierto con temperaturas diurnas altas durante la mayor parte del año.

Desierto frío: Desierto con temperaturas diurnas menores que la temperatura de congelación durante una parte del año.

Diluir: Disminuir la fuerza de un material al mezclarlo con otro material, generalmente agua.

Dispersar: Diseminar a otro sitio.

Ecología: El estudio de los seres vivos en su ambiente.

Ecólogo: Científico que estudia a los organismos y su ambiente.

Ecosistema: Área particular que combina comunidades bióticas y ambientes abióticos en la cual los dos se influyen de manera recíproca.

Ecotono: Área donde se mezclan dos o más ecosistemas.

Ecuador: La frontera imaginaria que divide a la Tierra a la mitad en norte y sur.

Efecto de invernadero: Calentamiento de la Tierra por gases de invernadero.

Efímero: Organismo que tiene un ciclo de vida corto.

Elevación: Altura sobre el nivel del mar.

Emigrar: Desplazarse de un lado a otro.

En peligro de extinción: En peligro inmediato de ser exterminado.

Energía eólica: Energía proveniente del movimiento del aire.

Energía geotérmica: Energía calorífica proveniente del interior de la Tierra.

Energía hidráulica: Energía originada por el movimiento del agua.

Energía nuclear: Energía producida por cambios en núcleos atómicos.

Energía solar: Energía proveniente del sol.

Epífita: Planta que crece sobre otra planta en una relación de comensalismo.

Erosión del suelo: Desgaste del suelo por el viento y el agua.

Escala de pH: La escala, que va de 0 a 14, usada para medir el pH de una solución.

Especie: Grupo de organismos similares y relacionados.

Estomas: Poros diminutos en la superficie de las hojas de una planta que se abren y cierran para dejar entrar y salir vapor de agua.

Evaporar: Cambiar de líquido a gas como resultado de ser calentado.

Extinción: La muerte de una especie de cualquier ser vivo; la desaparición total de una especie de la Tierra, para siempre.

Fauna: Todos los animales de un área determinada.

Fecundar: Unión de un espermatozoide (masculino) con un óvulo (femenino).

Fitoplancton: Plancton vegetal.

Flor silvestre: Planta con flores que crece en bosques, desiertos u otras áreas naturales.

Flora: Todas las plantas de un área determinada.

Fluido: Materia en estado gaseoso o líquido.

Fósiles: Restos de animales y plantas prehistóricos.

Fotosíntesis: Proceso mediante el cual las plantas usan la energía luminosa que atrapa la clorofila para convertir el bióxido de carbono y el agua en alimento.

Fuco: Bosques subacuáticos de algas pardas grandes que crecen en aguas costeras templadas.

Gases de invernadero: Gases atmosféricos, en su mayoría bióxido de carbono y vapor de agua, que atrapan el calor proveniente del sol, así como el vidrio atrapa el calor en un invernadero.

Grupo social: Población pequeña cuyos miembros viven y viajan juntos y en cierto modo dependen unos de otros para su bienestar.

Hábitat: Sitio físico, como un desierto, un bosque o un solo árbol, donde vive una planta o un animal y al cual se le describe generalmente por sus características físicas; también el hogar natural de una comunidad.

Hemisferio Norte: El área de la Tierra arriba del ecuador.

Hemisferio Sur: El área de la Tierra debajo del ecuador.

Herbívoros: Animales que comen sólo plantas; consumidores de primer orden.

Hibernar: Pasar el invierno en una condición similar al sueño de inactividad parcial o total.

Hospedero: Organismo sobre o dentro del cual vive un parásito; el mantener al parásito suele causarle daño.

Huésped: Organismo que vive sobre o dentro de un hospedero; un parásito.

Incinerar: Quemar hasta formar cenizas.

Insolación: Cantidad de energía solar que llega a la Tierra.

Invernadero: Estructura, en general hecha de vidrio o de plástico claro, que proporciona un ambiente protegido y controlado para cultivar plantas en interiores.

Irrigación por goteo: La práctica de regar agua directamente sobre la base de las plantas, de modo que se necesite menos agua para ayudarlas a crecer.

Latente: Inactivo.

Letargo estival: Condición similar al sueño, de inactividad parcial o total, durante el verano.

Línea arbórea: La altura sobre una montaña arriba de la cual el clima es demasiado frío para que crezcan árboles.

Línea de nieve: La altura sobre una montaña arriba de la cual la nieve permanece todo el año.

Liquen: Una combinación de dos organismos, hongos y algas verdes, que viven en una relación de mutualismo.

Luz ultravioleta (UV): Rayos de alta energía de luz solar.

Lluvia ácida: Cualquier tipo de precipitación que sea ácida.

Magma: Roca derretida o fundida dentro de la Tierra.

Mala hierba: Cualquier planta que crece donde no es deseada.

Microorganismos: Organismos vivos tan pequeños que pueden verse sólo en el microscopio.

Molécula: La parte más pequeña de una sustancia que tiene todas las características de esa sustancia.

Montaña: Un bioma de suelo elevado con diversos tipos de vegetación según la elevación.

Mutualismo: Relación en la que dos organismos de dos especies diferentes viven juntos y en la que los dos organismos reciben algún beneficio.

Necton: Animales como peces y ballenas que se desplazan de manera independiente de las corrientes de agua entre el fondo y la superficie del océano.

Neutro: Que tiene un pH de 7 y por lo tanto, no es ácido ni básico.

Nicho: La localización y la función o trabajo para los cuales una especie está bien adaptada dentro de su comunidad, incluido su hábitat, lo que come, sus actividades y su interacción con otros seres vivos.

Nivel del mar: El nivel de la superficie del océano.

Núcleos: Los centros pesados de los átomos:

Nudo: Lugar del tallo de una planta donde crecen las hojas.

Océanos: Los cuerpos de agua más grandes de la Tierra.

Omnívoros: Animales que comen plantas y animales.

Organismos: Todos los seres vivos. Las plantas, animales, bacterias, hongos y el ser humano.

Oxígeno: Gas atmosférico hecho de dos átomos de oxígeno que es necesario para la respiración. Su símbolo es O_2.

Ozono: Una forma de oxígeno hecha de tres átomos de oxígeno que forma la capa de ozono. Su símbolo es O_3.

Parasitismo: Relación en la cual un organismo (parásito), se procura alimento viviendo sobre o dentro de un organismo hospedero a expensas de éste.

Parásito: Organismo que vive sobre o dentro de un organismo hospedero y que obtiene su alimento a partir de éste o a expensas de él.

Perenne: Planta cuyas hojas permanecen verdes todo el año.

Permafrost: Capa subterránea de suelo congelado de modo permanente. Una característica importante de la tundra.

Pezuñas hendidas: Pezuñas partidas.

pH: Unidad de medida para determinar si una solución es ácida, básica o neutra.

Pictograma: Dibujos y símbolos usados para representar una palabra.

Plancton: Organismos de pequeños a microscópicos que viven cerca de la superficie del océano y que son transportados por las corrientes. El plancton animal se llama **zooplancton** y el plancton vegetal se llama **fitoplancton.**

Planta conífera: Planta, en general perenne, cuyas semillas se producen en conos y que típicamente tiene hojas aciculares.

Planta decidua: Planta que pierde todas o casi todas sus hojas cada año.

Plantas suculentas: Plantas que tienen hojas o tallos gruesos y carnosos para almacenar agua.

Población: Organismos de la misma especie que viven juntos en un área específica; también la cantidad total de individuos en un área específica, como la población de un pueblo.

Pólipo: Animal marino diminuto, parecido a un tubo, del cual está hecho el coral vivo; uno de sus extremos está unido al fondo del mar, a las rocas o a otro pólipo y en el extremo opuesto tiene una boca rodeada por tentáculos urticantes similares a dedos.

Pradera: Bioma cuya vegetación principal es pasto o plantas similares a pasto.

Precipitación: Agua que regresa a la Tierra en forma de lluvia, granizo, aguanieve o nieve.

Precipitación contaminante: Contaminantes del aire que son arrastrados por los vientos dominantes.

Productores: Organismos (específicamente plantas) que producen su propio alimento.

Reciclar: Volver a usar.

Red alimentaria: Todas las cadenas alimentarias interrelacionadas en una comunidad o un ecosistema.

Respiración: Proceso continuo mediante el cual las plantas y los animales toman oxígeno y liberan bióxido de carbono.

Rompevientos: Práctica de plantar árboles y arbustos para proteger a los campos de la erosión del suelo por el viento.

Rotación de cultivos: La práctica de sembrar plantas diferentes cada estación, de modo que el suelo tenga tiempo de renovarse.

Semiárido: Que tiene un clima seco, pero no tanto como el de un desierto.

Sequía: Periodo extenso sin lluvia normalmente escasa.

Solución: mezcla hecha al disolver una sustancia en un líquido como el agua.

Superorganismo: Organismo como el coral o la fragata portuguesa, que parece ser un organismo, pero que en realidad es un número de animales coloniales juntos.

Terrazas: Práctica de sembrar a través de una colina en vez de hacerlo de arriba hacia abajo, para evitar la erosión del suelo por el agua.

Transpiración: Pérdida de agua hacia la atmósfera a través de los estomas de las plantas.

Tundra: Bioma sin árboles, principalmente en las áreas del polo norte que tiene largos inviernos helados y veranos breves y donde sobreviven pastos, musgos, líquenes, arbustos pequeños y pocas plantas con flores.

Vapor de agua: Estado gaseoso del agua.

Vegetación: Vida vegetal.

Vida marina: Plantas y animales del océano.

Vientos dominantes: Vientos que soplan consistentemente desde una dirección.

Zona de crepúsculo: El área sombría del océano, que se extiende desde el fondo del área de luz solar hasta unos 1000 m (3000 pies) de profundidad y en donde las plantas no pueden crecer y los animales son menos numerosos y más pequeños.

Zona de luz solar: Los 150 m (488 pies) superiores del océano, donde la luz solar penetra y donde vive cerca del 90 por ciento de toda la vida marina.

Zona de medianoche: El área del océano debajo de la zona de crepúsculo, que se extiende desde los 1000 m (3000 pies) de profundidad hasta el fondo del océano, donde sólo puede sobrevivir aproximadamente 1% de la vida marina.

Zona templada meridional: La región entre las latitudes 23.5°S y 66.5°S.

Zona templada septentrional: La región entre las latitudes 23.5°N y 66.5°N.

Zona tropical: La región entre las latitudes 23.5°S y 23.5°N.

Zooplancton: Plancton animal.

Libros que puedes leer

Asimov, Isaac, *Las fuentes de la vida,* México, Editorial Limusa, 2a. edición, 1981.

Colinvaux, Paul A., *Introducción a la ecología,* México, Editorial Noriega Editores, 1980.

CONACYT-NORIEGA EDITORES, *Al descubrimiento de la ciencia,* México, Editorial Noriega Editores, 1988.

Darley, Marshall, *Biología de las algas,* México, Editorial Noriega Editores, 1987.

Dawes, Clinton J., *Botánica marina,* México, Editorial Noriega Editores, 1986.

Gutiérrez, Mario, *Ecología. Salvemos el planeta Tierra,* México, Editorial Limusa, 1992.

Pérez, Ruy, *Cómo acercarse a la ciencia,* México, Editorial Limusa, Noriega Editores-Consejo Nacional para la Cultura y las Artes, 1989.

VanCleave, Janice P., *Biología para niños y jóvenes: 101 experimentos superdivertidos,* México, Editorial Limusa, 1996.

VanCleave, Janice P., *Física para niños y jóvenes: 101 experimentos superdivertidos,* México, Editorial Limusa, 1996.

VanCleave, Janice P., *Geografía para niños y jóvenes: ideas y proyectos superdivertidos,* México, Editorial Limusa, 1996.

VanCleave, Janice P., *Química para niños y jóvenes: 101 experimentos superdivertidos,* México, Editorial Limusa, 1996.

Walker, Jearl D., *Física recreativa. La feria ambulante de la física,* México, Editorial Limusa, 2a. edición 1988

Wilson, Carl, *Botánica,* México, Editorial Noriega Editores, 1992.

Índice

225

LA EDICIÓN, COMPOSICIÓN, DISEÑO E IMPRESIÓN DE ESTA OBRA FUERON REALIZADOS
BAJO LA SUPERVISIÓN DE GRUPO NORIEGA EDITORES.
BALDERAS 95, COL. CENTRO. MÉXICO, D.F. C.P. 06040
1278220000210915DP9241I